Lektürehilfen
Liebeslyrik

Epochen- und gattungsspezifische Aspekte

---

von Kurt Binneberg

Ernst Klett Verlag
Stuttgart Düsseldorf Leipzig

Gedruckt auf Recyclingpapier,
hergestellt aus 100% Altpapier

Die Deutsche Bibliothek — CIP-Einheitsaufnahme

Ein Titeldatensatz für diese Publikation ist bei
Der Deutschen Bibliothek erhältlich

Auflage 7. 6. 5. | 2003 2002 2001
Die letzten Zahlen bezeichnen jeweils die Auflage und das Jahr des Druckes.

Internetadresse: http://www.klett-verlag.de/klett-lerntraining
E-Mail: klett-kundenservice@klett-mail.de
Umschlagabbildung: Titelillustration aus der polnischen Literaturzeitschrift „Chimera" (1901—1907)
Satz: Fotosatz Janß, Pfungstadt
Druck: Wilhelm Röck, Weinsberg. Printed in Germany.
Einbandgestaltung: Bayerl & Ost, Frankfurt/M.
ISBN 3-12-922319-3

Inhalt

Einleitung

Das Motiv der Liebe gehört zum Grundbestand der lyrischen Gattung von Anfang an, und es hat in der deutschsprachigen Literatur vom Minnesang des Mittelalters bis heute nichts an Bedeutung verloren. Ihr zur Seite stellen kann man nur die Naturlyrik, mit der sie oftmals eine enge Verbindung eingeht. Durch poetische Naturbilder versucht die Liebeslyrik nämlich, Wesenszüge der menschlichen Liebe unmittelbar zu veranschaulichen.

Wenn man die dichterische Gestaltung des Liebesmotivs innerhalb der Lyrik der verschiedenen Epochen untersucht, werden damit mehrere Ziele verfolgt.

1. Der Leser soll einen Einblick in die Vielfalt der Liebesauffassungen gewinnen, wie sie sich in der Dichtung herausgebildet hat. Dabei kann der Wandel des Motivs ebenso bedeutsam sein wie sein unverändertes Weiterwirken (motivgeschichtlicher Aspekt).

Motivgeschichtlicher Aspekt

2. Das bei der Untersuchung zugrunde gelegte Verfahren – die Interpretation ausgewählter Gedichte aus verschiedenen Zeiträumen – vermittelt gleichzeitig einen exemplarischen Überblick über die unterschiedlichen Erscheinungsformen der Lyrik (gattungs- und epochengeschichtliche Aspekte).

Gattungs- und epochengeschichtliche Aspekte

3. Hier wurde beschlossen, entgegen der herkömmlichen Darstellungsweise, die vertrautere Gegenwartsliteratur zum Ausgangspunkt des motivgeschichtlichen Gangs durch die Lyrik zu nehmen und von da aus zum Fremden der ferneren Vergangenheit zurückzuschreiten. In gewissem Sinne entspricht das einem ‚natürlichen' Verstehensprozeß, der stets von bekannten Erscheinungen ausgeht und danach das Unbekannte erschließt. Der literarhistorische Zusammenhang kann dann bewahrt bleiben, wenn man ihn, gleichsam von rückwärts blickend, schrittweise herstellt.

Historische Vorgehensweise

Gesamtzusammenhang der Einzelkapitel

4. Die einzelnen Kapitel stehen im motiv- und gattungsgeschichtlichen Zusammenhang, und es wird darauf durch Querverweise immer wieder aufmerksam gemacht. Gleichwohl liegt die Absicht des Buches nicht darin, einen literaturgeschichtlichen Abriß der Liebeslyrik zu geben. Daher besitzen die Kapitel eine gewisse Eigenständigkeit, die aber nicht zur isolierten Lektüre verleiten sollte.

Interpretationsverfahren

5. Über die inhaltlichen Aspekte des Liebesmotivs hinaus soll durch die Untersuchung der Gedichtbeispiele die sprachlich-formale und stilistische Vielfalt der deutschen Lyrik sichtbar werden. Im Zuge der exemplarischen Einzelinterpretationen werden methodische Ansätze und Kriterien verwendet, die für den Umgang mit Gedichten von grundlegender Bedeutung sind. Auf einige der Untersuchungskategorien wollen wir kurz hinweisen:
   - Sprache (Wortwahl und Vokabular in der Liebessprache können klischeehaft oder individuell, drastisch oder vornehm sein; syntaktische Strukturen verraten viel über die Verfassung des lyrischen Ich)
   - Bildlichkeit (Metaphorik, Symbolik und ihre Funktion, Zusammenhänge zu verdeutlichen oder zu verdunkeln, Verbindungen zwischen dem Bereich der Liebe und anderen Bereichen assoziativ herzustellen)
   - Metrum und Rhythmus als Ausdrucksmittel für den psychischen Zustand des lyrischen Subjekts oder die Grundtendenz des Gedichts
   - Komposition (Textgliederung als Verständnishilfe, Mittel der Steigerung von Stimmung durch den Dichter)
   - Zustand des lyrischen Ichs (Gefühlsbeteiligung, innere Erregung, Distanz, Kälte u. ä. sind wichtige Indizien für die Liebesauffassung des Textes)
   - Verhältnis zwischen den Partnern im Gedicht (Zärtlichkeit, Zuwendung, Harmonie, Vertrautheit, Gleichgültigkeit, Kälte, Feindseligkeit und viele andere Verhaltensweisen charakterisieren das Liebesverhältnis und seine ‚psychische' Grundlage)

– Formen der Kommunikation (Liebe ist ein Kommunikationsverhältnis, daher gibt sich im sprachlichen Umgang miteinander die Art der Liebe zu erkennen; monologisches oder dialogisches Sprechen)
– Kommunikation zwischen Gedicht und Leser (Will der Text uns an Gefühlen, Einsichten, Stimmungen etc. teilnehmen lassen oder sperrt er uns aus? Gründe für die eine oder andere Haltung)
– Stimmung (emotionale Beziehung zwischen Liebenden ist von Stimmung begleitet – Arten der Stimmung kennzeichnen das Liebesverhältnis; Möglichkeiten zur Herstellung von poetischer Stimmung)
– Kontrastive Interpretation verschiedener Gedichte, um ihre Liebesauffassungen deutlicher zu erkennen

Frage nach dem Liebesbegriff

Den leitenden Gesichtspunkt der Untersuchung bildet die inhaltlich orientierte Frage nach dem Liebesbegriff und seiner unterschiedlichen Ausprägung. Unter welchen Aspekten entwickelt ein Text das Motiv ‚Liebe'? Welche Aussagen über die Liebe sind ihm zu entnehmen? Welcher Zusammenhang läßt sich herstellen zum Liebesbegriff anderer Gedichte der Epoche? In welchem Verhältnis steht die Liebesauffassung des Textes zur Wirklichkeit?
Antworten auf diese und ähnliche Fragen können nur durch die Analyse und den Vergleich der Gedichte selbst gefunden werden. Dabei spielen drei grundlegende Kategorien eine wichtige Rolle:
1. Wir unterscheiden einen ‚engen' Liebesbegriff, der nur die Zuneigung zwischen zwei Menschen meint, von einem ‚weiten' Liebesbegriff, der die Liebe als eine universale Kraft begreift, die die ganze Welt durchwirkt. Innerhalb des engen Liebesbegriffs können entweder die erotisch-sexuellen (Barock, Rokoko) oder die geistig-seelischen Komponenten (Minnelyrik, Romantik) der Liebe jeweils stärker hervortreten. Es kann aber auch eine Harmonisierung beider Momente im poetischen Bereich angestrebt werden (Goethe). Die Formen der geistig-seelischen Liebe neigen zur Herausbildung idealistischer bzw. religiöser Liebesauffassungen (himm-

lische Liebe), die mit dem universalen Liebesverständnis verschmelzen. Der Stellenwert, den die eine oder die andere Liebeskonzeption in den Gedichten besitzt, ermöglicht eine erste systematische Zuordnung.

2. Die so gewonnene thematische Kategorisierung der Texte muß mit dem zentralen Gesichtspunkt der epochengeschichtlichen Gliederung verbunden werden, so daß man eine Zuordnung der Gedichte mit einem bestimmten Liebesbegriff zu den verschiedenen literaturgeschichtlichen Phasen vornehmen kann.

Wirklichkeitsgehalt der Lyrik

3. Der Wirklichkeitsgehalt der Liebesgedichte stellt ebenfalls eine umfassende Untersuchungskategorie dar. Die Tatsache, daß der Liebesbegriff eines poetischen Textes zu den realen Erscheinungsformen der menschlichen Liebe in einem engen (Gegenwartslyrik, ‚Poetischer Realismus') oder in einem sehr fernen Verhältnis (Romantik, Barock, Minnesang) steht, läßt sich – mit allen Vorbehalten – zur systematischen und historischen Beurteilung der Liebeslyrik heranziehen.

Weitere Aspekte des Liebesbegriffs

Es gibt darüber hinaus noch andere inhaltliche Gesichtspunkte, die an der Bildung typischer Liebesauffassungen beteiligt sind: Harmonie oder Disharmonie, Partnerschafts- oder Abhängigkeitsverhältnis, Vertrautheit oder Entfremdung, glückliche oder unglückliche Liebe usw. Sie können Auskunft geben über das Lebensgefühl einer Zeit oder eines Dichters oder über bestimmte dichterische Intentionen. Wir werden im nachfolgenden kurzen Abriß und dann in den einzelnen Kapiteln auf ihre jeweilige Bedeutung näher eingehen.

Zur Interpretation herangezogene kurze Textzitate aus Gedichten, die nicht vollständig abgedruckt sind, werden unmittelbar im fortlaufenden Text und nicht im Quellenverzeichnis nachgewiesen. Dabei wurden wegen der leichten Zugänglichkeit für den Leser die beiden folgenden Anthologien benutzt:
Deutsche Liebeslyrik. Hg. v. Hans Wagener. (Reclams Universal-Bibliothek 7759). Stuttgart 1982. [Abkürzung: RUB].
Das große deutsche Gedichtbuch. Hg. v. Carl Otto Conrady. Königstein/Ts. 1985. [Abkürzung: Conrady].

Historischer Überblick

Gegenwartslyrik

Die *Gegenwartslyrik* kennzeichnet sich durch eine ungewöhnliche Bereitschaft des lyrischen Ichs, subjektiv-private Vorstellungen und Gefühle freimütig und in einer unmittelbar zugänglichen Sprache zu formulieren. Die meisten Texte gehen von einem Liebesbegriff aus, der sich relativ leicht aus den wirklichen Erscheinungsformen der alltäglichen Liebe herleiten läßt. Viele Gedichte sind – wie im ‚Poetischen Realismus' des 19. Jahrhunderts – ‚Ehegedichte'. Wir begegnen also heute einem durchaus realistischen Verständnis von Liebe in der Lyrik, welcher religiöse oder metaphysische Aspekte völlig fernliegen. Der Hauptakzent liegt allerdings meist auf einem negativ gestimmten, disharmonischen Verhältnis zwischen Mann und Frau. Es ist von den emanzipatorischen Auseinandersetzungen, von Geschlechterkampf und Besitzdenken ebenso gezeichnet wie von der Sehnsucht nach beglückender Partnerschaft, deren Möglichkeit sich aber kaum erkennen läßt.

Lyrik nach dem Zweiten Weltkrieg

Die emotionale Offenheit und die unmittelbare Darstellung der Empfindungen ist in den vorangehenden Phasen der *modernen Lyrik des 20. Jahrhunderts* selten. Wenn wir die Gedichte der Nachkriegszeit von Autoren wie Bachmann, Benn, Celan, Eich, Krolow u. a. unter dem Gesichtspunkt des Gefühlsgehalts und der Gefühlsaussage überprüfen, dann entdecken wir eine Tendenz, den privaten Bereich der Liebe mit formalästhetischen Mitteln und sprachlich faszinierenden Bildern bis zur Unkenntlichkeit zu ‚verschleiern'. Das liegt nicht nur an der Bekenntnisscheu der Dichter, sondern auch daran, daß das Phänomen ‚Liebe' dem modernen Bewußtsein höchst rätselhaft und unheimlich erscheint. In der metaphorischen Dunkelheit ihrer Texte spiegelt sich das wider.

Hermetische Dichtung

Andererseits kommt in der hermetischen Lyrik eine Auffassung von Literatur zum Ausdruck, die unter dem Schlagwort ‚l'art pour l'art' (Kunst um der

Kunst willen) nicht primär daran interessiert ist, die Wirklichkeit künstlerisch zu deuten, dem Leser Einsichten zu vermitteln oder ihn zu bestimmten Haltungen zu bewegen, sondern die ihr Selbstgenügen in der faszinierenden Form findet. Insofern läßt sich für wesentliche Bereiche der Liebesdichtung nach dem Zweiten Weltkrieg feststellen, daß das Thema ‚Liebe' – überspitzt formuliert – lediglich zum Anlaß für die Hervorbringung ästhetischer Sprachkunstwerke dient. Zugleich aber zeugen viele dieser Gedichte von hoher Sensibilität für die Zerbrechlichkeit der Liebespartnerschaft, so daß die Wendung ins Artistische wie ein Selbstschutz des Individuums vor psychischen Bedrohungen erscheint.

Lyrik zwischen den Weltkriegen

Die literarische *Moderne des 20. Jahrhunderts* reicht zurück bis zum Expressionismus (1910) und hat verschiedene Strömungen ausgebildet, die in Stil und Auffassung keineswegs einheitlich sind. Die ästhetisch-hermetische Nachkriegslyrik bezieht viele Anregungen von der Lyrik der Jahrhundertwende und vom Expressionismus. Daneben findet sich eine eher ‚realistisch' orientierte Lyrik, für die in der ersten Hälfte des Jahrhunderts Brecht als wichtigster Vertreter zu nennen ist. Er bedient sich einer einfacheren Sprachgebung und bevorzugt die inhaltliche Durchsichtigkeit. Der Liebesbegriff seiner Gedichte ist durchweg wirklichkeitsbezogen, wenngleich die Liebe – wie insgesamt in der modernen Dichtung – ein schwieriges Phänomen bleibt. Menschliche Zuneigung erweist sich als unbeständig und flüchtig und damit für das lyrische Ich auch als innere Bedrohung. Die Liebeslyrik kann darauf mit ästhetischen Abwehrmaßnahmen reagieren, oder sie kann an den Mut des Menschen appellieren, sich auch auf das Ungewisse und die Gefährdung einzulassen. Das geschieht in den Liebesgedichten Brechts.

Lyrik der Jahrhundertwende

In der Liebesdichtung der *Jahrhundertwende* (George, Rilke, Hofmannsthal) begegnen wir dann eher wieder den Rückzugsbewegungen der Lyrik in die Sphäre des rein Ästhetischen als Reaktion auf die nüchterne Wirklichkeit der Alltagsliebe. In vielen dieser Gedichte wandelt sich das Liebeserlebnis in einen formschönen Sprach- und Gebärdenvorgang, der dem Leser vor allem ästhetischen Kunstgenuß vermittelt. Die Liebe selbst oder auch der geliebte Mensch werden dabei in einer Weise veredelt und erhöht („Du schlank und rein wie eine Flamme"), daß sie sich von den wirklichen Verhältnissen beträchtlich entfernen.

Die Forderung, daß die Liebesdichtung sich eng an den realen Gegebenheiten orientieren solle und daß ihr Liebesbegriff sich vor der Lebenswirklichkeit bewähren müsse, entspricht weitgehend dem heutigen Literaturverständnis. In den früheren Epochen der Literaturgeschichte hat dieser Anspruch keine so große Rolle gespielt. Am ehesten zeigen sich Übereinstimmungen zur gegenwärtigen Auffassung im ‚*Poetischen Realismus*' der zweiten Hälfte des 19. Jahrhunderts. Man kann an den Liebesgedichten C. F. Meyers, Storms, Fontanes, Liliencrons beobachten, daß sie utopisch-lebensferne Entwürfe vermeiden und eine Liebesauffassung konzipieren, die mit den realen Möglichkeiten menschlicher Liebe in Einklang zu bringen ist. Im Mittelpunkt steht der Gedanke von der herzustellenden Harmonie in einer Partnerschaft, deren ideale Verwirklichung die Ehe darstellt. Der Optimismus und der Glaube an den Sinn bürgerlicher Ordnungen auch in den Liebesbeziehungen unterscheidet den ‚Realismus' des 19. Jahrhunderts von dem in der Gegenwartsdichtung.

‚Poetischer Realismus'

Wenn wir die Geschichte der Liebeslyrik weiter zurückverfolgen, dann treffen wir in der *Romantik* auf den eigentlichen Höhepunkt anti-realistischer Literatur. Der Liebesbegriff erhält eine gegenüber dem heutigen Verständnis ungeheuer weite, universale Dimension. ‚Liebe' meint nicht nur das besondere Neigungsverhältnis zwischen den Menschen, sondern eine den gesamten Kosmos durchwaltende göttliche Kraft. Von daher bekommt auch die menschliche Liebe religiöse Züge. Diese aber lassen gleichzeitig den Konflikt zwischen den geistig-seelischen und sinnlichen Formen der Liebe aufs schärfste hervortreten. Vor allem die Lyrik Brentanos ist erfüllt von solchen Spannungen, aber auch in Eichendorffs Gedichten treffen wir den unversöhnten Dualismus an. Eine ‚abstrakte' Lösung der Wider-

Romantische Lyrik

sprüche liegt für die romantische Liebesidee in der Umformung des menschlichen Eros in eine Gottesliebe, die sich als Vorahnung bereits in der liebenden Verehrung der Frau erfahren läßt. Das Novalis-Gedicht „An Julien“ formuliert in exemplarischer Weise die Jenseitserfüllung der irdischen Liebe auf dem Boden der christlichen Glaubensgewißheit.

Je stärker die Wirklichkeitserfahrung in die Liebeslyrik hineinwirkt, um so mehr wird die utopische Idee der romantischen Universalharmonie zerstört. Eine wichtige Position auf dem Wege zur realistischen Dichtung des 19. Jahrhunderts nimmt das Werk Heines ein, das zwar in der Romantik wurzelt, aber an der inneren Auflösung ihrer Motive insofern beteiligt ist, als in Heines Liebeslyrik die religiöse Zuversicht und das Vertrauen auf die menschliche Liebesbereitschaft zerbrechen. Seine Dichtung wird zur anhaltenden Klage über die unerfüllte Liebe, aber sie setzt auch neue Akzente mit dem Versuch, das Liebesleid durch distanzierende Ironie zu überwinden.

Heines Liebeslieder

Die größte menschliche und künstlerische Spannweite entfaltet sich im lyrischen Werk Goethes. Mit den Liebesgedichten des jungen Goethe beginnt das, was wir ‚Erlebnislyrik‘ nennen, eine Dichtungsform, die enge Beziehungen zur selbsterfahrenen Wirklichkeit herstellt. Goethes Liebeslyrik spricht immer auch über seine eigene Liebe.

Stufen der Goetheschen Lyrik

Während die Jugendgedichte von einem unbefangenen Liebesoptimismus erfüllt sind („Maifest“), legen die nachfolgenden Gedichte für Frau von Stein auch Zeugnis ab von den Widerständen, die sich der dichterischen Verwirklichung der Liebesharmonie entgegenstellen. Wie die Romantik muß sich auch Goethe mit den Spannungen zwischen den sinnlichen Wunschvorstellungen und den geistig-sittlichen Forderungen der Liebe auseinandersetzen („Warum gabst du uns die tiefen Blicke“). Doch anders als die Romantik findet Goethes Liebesdichtung zu einer Versöhnung in ‚realistischen‘ Dimensionen („Römische Elegien“ und „West-östlicher Divan“). Die Liebesauffassung in diesen Dichtungen läßt zugleich Raum für die natürliche Sinnenliebe wie für eine geistig-seelische Vertiefung der

Partnerschaft. Andererseits gibt es in der Alterslyrik auch Beispiele, in denen sich eine idealistische Überhöhung des Liebesbegriffs vollzieht („Selige Sehnsucht“) – wie ja im Spätwerk Goethes insgesamt auch romantische Züge vorhanden sind.

Anakreontische Lyrik (Rokoko)

Die Lyrik des 18. Jahrhunderts vor Goethe führt uns zum literarischen *Rokoko,* dessen bedeutendste Sonderform die anakreontische Poesie darstellt (nach dem Vorbild des antiken Lyrikers Anakreon). Der junge Goethe knüpft mit seinen spielerisch-tändelnden Liebesversen hier an. Die Gedichte der Anakreontik behandeln die Liebe als unverbindliches Spiel ohne den existentiellen Ernst, den sie in der Dichtung der späteren Epochen annimmt. Sie folgen thematisch und stilistisch einem konventionellen Schema, in dem nicht persönliche Erlebnisse zu Wort kommen, sondern reizend-geschmackvoll arrangierte erotische Szenen vorgestellt werden. Das Aussprechen subjektiver Empfindungen ist dieser Lyrik noch fremd und tritt nur vereinzelt – etwa in Klopstocks emphatischen Liebesgedichten – in Erscheinung.

Barocklyrik

Die *Barock-Dichtung* im 17. Jahrhundert wird von der erotisch-sexuellen Thematik in stärkerem Maße beherrscht als alle ihr nachfolgenden Entwicklungsstufen der Liebeslyrik. Die in vielen Gedichten formulierte Aufforderung zum Sinnengenuß bildet einen deutlichen Kontrast zu den moralisch-christlichen Forderungen der Zeit nach sittenstrengem Lebenswandel unter Androhung der ewigen Verdammnis. Ein Wesensmerkmal der Barockliteratur besteht in dem ausgeprägten Vergänglichkeitsbewußtsein (z. B. bei Gryphius), das gleichsam als Rechtfertigung dient für das Wahrnehmen aller sich bietenden Liebesfreuden (Opitz, Hofmannswaldau). Wenngleich die Liebeslyrik des Barock niemals als dichterische Darstellung der Wirklichkeit mißverstanden werden darf, so verrät sich in ihr doch eine Grundeinstellung zu Liebe und Partnerschaft. Weniger ihre Betonung der sexuellen Aspekte als vielmehr die fehlende Einbettung in ein geistig-seelisches Ganzes beraubt das Verhältnis zwischen Mann und Frau wertvoller Komponenten. Eine Ausnahmestellung unter den Lyrikern nimmt Paul

Fleming ein, dessen Gedichte zum Teil schon persönlichem Empfinden Raum geben und seelische Wertakzente in der Partnerschaft setzen.

Mittelalterlicher Minnesang

Wenn wir auf die Anfänge der deutschen Liebeslyrik zurückblicken, den hochmittelalterlichen *Minnesang des 12./13. Jahrhunderts,* dann begegnen wir einer dienenden Verehrungshaltung des ritterlichen Mannes gegenüber der vornehmen, geliebten ‚Herrin'. Im Gegensatz zur Liebesauffassung der Romantik besitzt die Minnelyrik aber nicht deren religiöse Implikationen, sondern sie beruft sich auf den Ehrbegriff und das Ethos der höfischen Tugenden.

In den Liedern Wolframs von Eschenbach, Reinmars von Hagenau, Walthers von der Vogelweide ertönt die anhaltende Klage des Liebenden über seine unerwiderte Liebe. Jedoch gestaltet die Lyrik auch hier nicht individuelle Liebeserfahrung, sondern sie erfüllt die Forderungen eines konventionellen Dichtungssystems, in dem bestimmte Rollenverhältnisse festgeschrieben sind. Walthers Minnedichtungen zeigen am eindrucksvollsten die Spannungen zwischen dem Ideal der höfischen Verehrung und dem natürlichen Wunsch nach Liebeserfüllung – Gegensätze, die er in den Liedern der ‚ebenen Minne' zum Ausgleich zu bringen versucht.

Die verschiedenen Entwicklungsstufen der Liebeslyrik über die Jahrhunderte hinweg sind erfüllt von Widersprüchen, Spannungen, Zwängen, deren Akzente sich in den Epochen verschieben, die aber bis heute ebensowenig zur Ruhe gekommen sind wie das unerfüllte Harmoniebedürfnis.

Verlust der Harmonie. Liebe im Gegenwartsgedicht

Die gegenwärtigen Tendenzen in der Liebeslyrik setzen um 1970 ein. Auf der inhaltlichen Ebene beobachten wir hauptsächlich: die Wiederentdeckung der Subjektivität, die Beziehung zur Alltagswirklichkeit, die Emanzipationsbewegung der Frauen. Es läßt sich leicht erkennen, daß diese Faktoren auf die Herausbildung der Liebesauffassung eine große Wirkung ausüben. Hinzu kommt die Vereinfachung der Sprache und der lyrischen Formen, so daß die Texte eine unmittelbare Zugänglichkeit besitzen. Wir werden die wichtigsten Grundzüge dieser Lyrik an zwei Beispielen von Frauen (Ulla Hahn und Karin Kiwus) erläutern.

Bildlich gesprochen

Wär ich ein Baum ich wüchse
dir in die hohle Hand
und wärst du das Meer ich baute
dir weiße Burgen aus Sand.

Wärst du eine Blume ich grübe
dich mit allen Wurzeln aus
wär ich ein Feuer ich legte
in sanfte Asche dein Haus.

Wär ich eine Nixe ich saugte
dich auf den Grund hinab
und wärst du ein Stern ich knallte
dich vom Himmel ab.

Ulla Hahn

Dieses zeitgenössische Gedicht aus Ulla Hahns Lyrikband „Herz über Kopf" (erschienen 1981) spricht von der emotionalen Beziehung eines lyrischen Subjekts zu einem fiktiven Du, von der Liebe also, deren genaueren Sinn wir durch die Analyse des Textes erfassen wollen. Ohne das bekannte Vokabular der Zuneigungs- oder Leidenschaftssprache zu verwenden, entfaltet die Autorin das Thema in gleichnishaften Bildern, in kunstvoll gebauten Versen, in indirekter Sprechweise – und doch wissen wir bei der Lektüre sogleich, worum es in dem Gedicht geht. Die Verschlüsselungen des Textes sind so leicht

Unmittelbares Textverstehen

durchschaubar, daß unmittelbares Verstehen sich einstellt. Das ist in der modernen Lyrik, wie wir am Beispiel von Krolows „Liebesgedicht“ (vgl. Kapitel 2) sehen werden, durchaus nicht die Regel.

Obwohl dem Gedicht ein starker Gefühlsinhalt zugrunde liegt, fällt die sorgfältige Strukturierung aller drei Strophen ins Auge und ein wohldurchdachter syntaktischer Verlauf, den man bei Texten mit solch hoher emotionaler Intensität nicht unbedingt erwartet. Es entsteht dadurch eine untergründige Spannung zwischen den leidenschaftlichen Äußerungen des lyrischen Ichs und der sehr rationalen Gestaltungsweise des Gedichts, die wir als Kontrast-Spannung zwischen Gehalt und Form des Kunstwerks bezeichnen können.

Hohe Emotionalität – bewußte Formgebung

Subjektive Perspektive und monologisches Sprechen

Der Sprachgestus des Textes ist streng monologisch und auch bei der Hinwendung zum Du ganz aus der Perspektive der sprechenden Figur her angelegt. Es ergibt sich zwar eine Form von Kommunikation mit dem angesprochenen Partner, jedoch nehmen wir nur die Vorstellungen des ich-sagenden Subjekts wahr. In diesem Sinne kann man Ulla Hahns Gedicht *subjektiv* nennen, im Gegensatz etwa zu Hofmannsthals „Die Beiden“ (vgl. Kapitel 3) oder C. F. Meyers „Zwei Segel“ (vgl. Kapitel 4), in denen eine objektiv beobachtende Sprecherperspektive eingenommen wird.

Innensicht der Figur

Die Festlegung des Textes auf den Standort des sich mitteilenden Ichs erlaubt eine unmittelbare Innensicht der Figur, ihrer Gefühle und Gedanken. Wahrscheinlich ist dieses Darbietungsmodell der Liebeslyrik besonders angemessen – wir werden es im folgenden immer wieder antreffen –, weil das Subjekt im Grunde nur über seine eigenen Empfindungen authentisch sprechen kann, nicht aber über die eines anderen. Dennoch stellt sich beim Leser ein gewisses Bedauern darüber ein, daß das Du nicht zu Wort kommt und daß wir nichts über seine innere Haltung erfahren.

Personalpronomen „ich“ – „du“

Dabei beobachten wir in „Bildlich gesprochen“ unter grammatischen Gesichtspunkten eine sehr genaue Ausgewogenheit von Ich- und Du-Pronominalformen. Jede Strophe ist in kunstvoller Variation gebildet aus einem „Wär ich“- und einem „Wärst du"-Satzgefüge. Es entsteht so der Anschein einer gleichmäßigen Rollenverteilung. Jede Strophe weist drei Pronomina der ersten und drei Pronomina der zweiten Person auf. Aber nur das Personalpronomen ‚ich' besitzt Subjektfunktion in den Hauptsätzen, während die ‚du'-Formen lediglich in den Nebensätzen auftreten bzw. als Dativ- oder Akkusativ-Objekte der Hauptsätze. Dem entspricht die untergeordnete Stellung, die dem fiktiven Du im gesamten Gedicht zugedacht wird.

Analyse der Verben

Noch mehr verschärft sich dieser Eindruck, wenn man die Zuordnung der Verben berücksichtigt. Ihnen kommt als Trägern des aktiven Handelns ja die Hauptbedeutung im Text zu. Durch die kräftig betonte Stellung am Ende der Zeilen 1 und 3 jeder Strophe, markiert durch eine Pausierung und den Zeilensprung, sind sie deutlich herausgehoben. Ausnahmslos aber gehören die Verben zum sprechenden Ich. Das Du ist nur mit nominalen Wendungen bedacht, denen zwar eine gewisse Ausdruckskraft und Bewegung innewohnt (Meer, Blume, Stern), die jedoch kein eigenes Willenshandeln ausdrücken. Es wird sich zeigen müssen, welche Folgen diese ‚Objekt'-Stellung des Du für den Sinngehalt des Gedichts besitzt.

Sprachbilder als Inhaltsträger

Im Verlauf des Textes offenbart die Ich-Figur dem begehrten Du ein Grundgefühl von Zuneigung, das in sechs Bildern (je zwei in jeder Strophe) zum Ausdruck gebracht wird. Dabei gehören die vier Bilder der ersten beiden Strophen aufgrund wichtiger Gemeinsamkeiten zusammen. Die Bilder 1 und 3 beziehen sich auf den Pflanzenbereich, die Bilder 2 und 4 auf die Naturgewalten Wasser und Feuer und deren Wirkungen.

Baum- und Blumenvergleich

Im Anfangsbild vertraut sich das lyrische Subjekt im übertragenen Sinne dem Du zuversichtlich an, indem es sich – in Gestalt des aufwachsenden Baumes – wörtlich in seine Hände gibt; wobei es unausgesprochen an seine Bereitschaft zu stützender, pflegender Behandlung appelliert und zugleich den anderen dadurch bindet. Hineinspielt auch die Wirkung, die vom 3. Bild ausgeht und auf den Anfang zurückstrahlt. Das Ausgraben und Heimtragen der Blume setzt ja gleichfalls die Sorge um das weitere

Gedeihen voraus, diesmal in umgekehrter Rollenverteilung. Das „mit allen Wurzeln“ signalisiert die Behutsamkeit, mit der jede Beschädigung des anderen Wesens vermieden werden soll. Aber unübersehbar drückt das Bild auch einen Besitzwillen aus, wie es der Liebe eigen ist.

Goethes Gedicht „Gefunden“

Ulla Hahn zitiert hier ein Motiv aus Goethes Gedicht „Gefunden“, dessen dritte Strophe lautet:

> Ich grub's mit allen
> Den Würzlein aus,
> Zum Garten trug ich's
> Am hübschen Haus.
>
> (Conrady, S. 266)

Wir dürfen vermuten, daß die Dichterin die freundliche Stimmung des Goethe-Gedichts in ihre Verse hineinholen will. Goethes Text endet nämlich mit den Zeilen „Nun zweigt es immer Und blüht so fort.“ Das entläßt den Leser in einer beruhigenden Perspektive, die er – sofern er den Goethe-Text kennt – unwillkürlich auf das Gedicht „Bildlich gesprochen“ überträgt. Liebe bedeutet dann im Sinne dieser Pflanzen-Analogien vor allem: Sorge für das Wohl des anvertrauten oder in Besitz genommenen Wesens. Bei dem Vergleich mit dem Goethe-Gedicht ist aber nicht zu übersehen, daß seine harmonische Grundgestimmtheit, die einem Mensch und Natur gleichermaßen umfassenden Liebesbegriff entstammt (vgl. Kapitel 7), bei Ulla Hahn nicht mehr anzutreffen ist.

Selbstpreisgabe in der Liebe

Im Kontext der Folgebilder 2 und 4 lassen sich die positiven Deutungen der Liebe nicht mehr aufrechterhalten. Zwar suggeriert das Errichten weißer Sandburgen im 2. Bild die Vorstellung, daß das Ich dem begehrten Du Freude bereiten oder Ehrung zuteil werden lassen will, aber genaugenommen dienen die Sandburgen am Strand den Meereswellen zum Spiel der Zerstörung. Das Bild drückt also auch die Bereitschaft des liebenden Ichs zur Preisgabe des eigenen Selbst aus. Diese Auslegung bestätigt sich beim Blick auf das 2. Bild der Strophe 2, das auffällige Parallelen besitzt. Dort formuliert das lyrische Ich im Gleichnis vom Verbrennen des Hauses den Wunsch, daß der Partner zur Aufgabe des in sich abgeschlossenen Selbst-Seins gezwungen werde. Daß diesem Bild etwas Gewaltsames, Bedrohliches anhaftet, wird schon durch die Bezugnahme auf die Naturgewalt deutlich. Das Feuer gilt ja als traditionelles Symbol für Liebesleidenschaft und deutet zugleich Gefahr an. Durch die versöhnliche Formulierung „*sanfte* Asche" wird das nur wenig gemildert. Allerdings wirkt die Forderung, alle ich-bezogenen, abgeschlossenen Daseinsformen zugunsten von Gemeinsamkeit aufzugeben, unausgesprochen in jede Liebesbeziehung hinein.

Gewaltmomente in der Liebesbeziehung

In den beiden Schlußbildern der 3. Strophe bekommt das Moment der Gewalt in der Liebe eine alles überschattende Bedeutung. Die Fixierung auf das geliebte Du steigert sich bis zum Vernichtungswunsch. Das zeigt sich in der Wortwahl, deren Brutalität den Bildwirkungen eine erschreckende Härte verleiht. „Hinabsaugen", „abknallen" – in diesen Verben drückt sich die zerstörerische, feindselige Haltung des Ichs aus.

Nixen-Motiv: Macht der Verführung

Das 1. Bild der letzten Strophe benutzt das vor allem in der Romantik beliebte Motiv der Nixen oder Sirenen als Sinnbild der verführerischen Frauen, denen die Männer mit tödlicher Liebessehnsucht verfallen (vgl. Kapitel 6). Auch Goethe verwendet in seiner Ballade „Der Fischer" dieses Motiv (Conrady, S. 247). Im Gegensatz zu Ulla Hahns lyrischem Ich lockt Goethes Wasserweib mit sprachlichen Mitteln, mit beschwörenden Worten, in denen der Dichter die magische Anziehungskraft der Liebe triumphieren läßt („Halb zog sie ihn, halb sank er hin"). Ulla Hahn vermeidet bewußt das herkömmliche Bild („hinablocken"). Das statt dessen verwendete „hinabsaugen" beraubt das Du jeglicher Widerstandsmöglichkeit und läßt ihm nicht einmal den Anschein von freier Wahl. Damit gerät der Liebesbegriff des Gedichts endgültig unter die Vorherrschaft von Besitz durch Gewalt: Das lyrische Ich will um jeden Preis, auch um den der Zerstörung, mit dem geliebten Du vereint sein.

Besitzanspruch des Liebenden

Als äußerste Zuspitzung bleibt somit – im letzten Bild – nur noch die Auslöschung. Der Geliebte, als Stern in unerreichbarer Ferne versinnbildlicht, muß vernichtet werden, wenn er denn nicht zu gewinnen ist. Das Böse, zu dem die Liebe entarten kann, wird in den Schlußversen an exponierter Stelle und mit lakonischem Nachdruck formuliert. Daß das Ich im Modus irrealer Bedingungssätze spricht, die alle von unerfüllbaren Voraussetzungen ausgehen, nimmt den Aussagen nichts von ihrer Schärfe.

Die nahezu idyllischen Wirkungen der ersten Bilder gehen also ganz verloren. Liebe ist aber dem umfassenden Sinn des Gedichts zufolge alles andere als eine Idylle. Wir können demnach auch – positiv gewendet – die Aussagen des lyrischen Ichs als radikales Bekenntnis zu seinem Gefühl verstehen – „Herz über Kopf" eben, wie der programmatische Titel der Sammlung lautet. Das Subjekt fordert von sich und vom Du die vorbehaltlose Hingabe für die Verwirklichung der Liebe, die Verschiedenheit oder Trennung nicht erträgt, von der wir uns aber vorstellen, daß sie nicht verlangt, sondern nur freiwillig geleistet werden kann. Indem das Ich sich in der Beziehung zum Partner ausschließlich an seinen eigenen Ansprüchen orientiert und das ‚Objekt' des Verlangens als eigenständiges Ich nicht wahrnimmt, tritt der eingangs erwähnte Subjektivismus übermächtig zutage. Sicher schwingt darin eine überwältigende, emotionale Unbedingtheit mit, der ängstliche Selbstbewahrung, wie sie etwa Rilke in seinem „Liebes-Lied" (vgl. Kapitel 3) ausspricht, ganz fremd ist. Zugleich trägt diese Liebe aber deutliche Züge von Selbstsucht und Gewaltsamkeit.

Radikales Bekenntnis zum Gefühl

Form–Inhalt–Beziehungen

Die inhaltliche Analyse der Sprachbilder hat eine gewisse Klarheit über die Liebesauffassung innerhalb des Gedichts herbeigeführt. Das ist zum Verständnis des Textes unerläßlich, und deshalb haben wir die inhaltsbezogene Erschließung in den Mittelpunkt gestellt. Aber sie kann uns nicht genügen, denn die eigentliche Qualität des Gedichts beruht auf der überzeugenden sprachlichen und kompositorischen Gestaltung. Von ihr gehen wichtige ästhetische Wirkungen aus, welche die Vermittlung der Inhalte zum Kunsterlebnis machen. Auf einige Formelemente sind wir im Verlauf der Deutung bereits eingegangen, doch verdienen der Aufbau und der Sprachduktus noch eine genauere Betrachtung. Die drei Strophen des Gedichts werden beherrscht vom Prinzip der Wiederholung und Variation. So besteht jede Strophe aus je zwei gleichgefügten irrealen Bedingungssätzen, die jeweils zwei Zeilen umfassen. Es ergeben sich für das gesamte Gedicht sechs gleichartige syntaktische Einheiten. Dabei variiert die Autorin die Mittelstrophe dergestalt, daß sie die Reihenfolge der „Wär-ich" – „Wärst-du"-Sätze gegenüber den Strophen 2 und 3 vertauscht. Dadurch wird unter anderem, wie eine Umkehrprobe zeigen kann, die Gefahr der Eintönigkeit vermieden.

Wiederholung und Variation

Obwohl der Text auf die üblichen grammatisch bedingten Satzzeichen verzichtet, machen sich viele syntaktische Einschnitte überdeutlich bemerkbar. Das betrifft vor allem den Schluß der Zeilen 2, 6 und 10, an dem das erste Bild jeder Strophe endet und man einen Punkt erwartet. Ein prinzipieller Unterschied zu den Strophenschlüssen der Zeilen 4, 8 und 12 läßt sich nicht erkennen. Es ist zu spüren, daß jedes der sechs Einzelbilder sich zu isolieren und jede Strophe in zwei Zweizeiler zu zerfallen droht. Die Hauptursachen liegen in der strengen Sinneinheit der jeweiligen Zweiergruppen und in der syntaktischen Abgeschlossenheit eines jeden der sechs Satzgefüge gegenüber dem andern.

Häufung syntaktischer Texteinschnitte

Isolation der Einzelbilder

Durch eine vielfältige Verschränkung der Strukturelemente versucht die Autorin, einen größtmöglichen Zusammenhalt herzustellen. Am Beginn der Zeilen 3 und 11 soll die Konjunktion ‚und' als Bindeglied zwischen den Strophenhälften dienen. Ihr Fehlen in der mittleren Strophe verleiht der Trennung zwischen dem dritten und vierten Bild besonderen Nachdruck. Vor allem der parallele Bau der Verse 1 und 3 in jeder Strophe mit den Konjunktiven am Beginn und den Verbformen am Ende bewirkt eine über die Syntaxgrenzen hinausgreifende Zusammengehörigkeit dieser getrennten Zeilen. Klanglich verbinden sich jeweils die Verse 2 und 4, 6 und 8, 10 und 12 mit Hilfe der Endreime.

Verknüpfung der Strukturelemente

Einheit stiften oft auch die Gedichtschlüsse. Zumal bei Texten wie diesem mit seiner Aneinanderreihung (Addition) von Aussage-Einheiten muß der Leser davon überzeugt werden, daß die Bilderfolge nicht beliebig weitergehen kann. Sie muß also zu

Funktion des Gedichtschlusses

einem sinnvollen Halt gebracht werden, so daß – wie Walter Killy es ausdrückt – der Ablauf des Gedichts „nicht einfach aufhört, sondern auf eine das Ganze evident machende Weise still wird". (W. Killy, Elemente der Lyrik. München 1972, S. 25). Das ist in „Bildlich gesprochen" sehr eindrucksvoll gelungen. Die letzte Zeile ist die kürzeste des gesamten Gedichts, und sie erhält durch eine ihr innewohnende Beschleunigung eine Art Finaltempo. Mit der kurzvokalischen Hebung auf „ab" setzt sie einen harten Schlußpunkt, der den sinnbildhaften Abgesang der Liebe sprachlich nachahmt. Darüber hinaus ist nichts mehr zu sagen.

Brüche im rhythmischen Verlauf

Trotz der spürbaren Tendenz, die Teile des Gedichts eng miteinander zu verfugen, bleiben Risse und Brüche bis in die einzelnen Zeilen hinein. Man muß nicht alle metrisch-rhythmischen Details der Verse nachvollziehen, um bei ihrer laut und akzentuiert gesprochenen Lektüre auf die hemmenden Einschnitte in den Zeilen 1 und 3 jeder Strophe zu stoßen. So lesen wir z. B.

> Wär ich ein Baum / ich wüchse /
> dir in die hohle Hand

Gewaltsame Harmonisierung der Form

Der Sprecher muß jeweils einen neuen Anlauf nehmen – wie um über einen Graben zu springen. Wie anders stellen sich die Harmonie und Einheit schaffenden rhythmischen Bögen in Goethes Gedichten dar, beispielhaft etwa in den Strophen 2–4 seines „Maifest" (vgl. Kapitel 7).

So haftet dem Gedicht von Ulla Hahn der Eindruck von etwas gewaltsam Erzwungenem an, obwohl es den Anschein eines kompositorisch sauber gefügten Gebildes erweckt. Die fehlende Harmonie zwischen lyrischem Ich und fiktivem Du und der Gewaltcharakter der Liebe finden in der Formgebung ebenso ihren Niederschlag wie das angestrengte Bemühen um das Eins-werden mit dem Geliebten. Erfüllung ist nicht zu erwarten.

Aggressive Zweierbeziehung

Mit diesem negativen Resultat formuliert Ulla Hahns Gedicht eine Grundtendenz in der gegenwärtigen Liebeslyrik, die ihren Ausdruck in einem ungewöhnlich aggressiven Verhältnis zwischen den Partnern findet. Für das Gedicht „Programmvorschau“ von Jürgen Becker diagnostiziert Hiltrud Gnüg eine Beziehung, die einem „psychischen Zweikampf“ gleichkommt; sein zermürbender Verlauf endet in der Resignation der Beteiligten, die sich doch einmal geliebt hatten: „die Zweierbeziehung als Psychostreß [...] so stellt es sich in vielen Gedichten dar“ (H. Gnüg, Schlechte Zeit für Liebe – Zeit für bessere Liebe? In: Aufbrüche: Abschiede. Studien zur deutschen Literatur seit 1968. Hg. v. M. Zeller. Stuttgart 1979, S. 35 f.).

Ein wesentlicher Anteil an diesem neuen, von Machtauseinandersetzungen geprägten Verhältnis zwischen Mann und Frau kommt der emanzipatorischen Bewegung zu. Verse wie die folgenden von Elisabeth Plessen wären in der Liebeslyrik der 50er und 60er Jahre noch kaum denkbar:

Dank dir dank euch

Sie sagte: komm. Da hat er ihr den Mund verboten.
Weil ers nicht war, sein Zeitpunkt nicht.
Er nistete sich ein
Wie in der Wohnung in der Frau, nur um zu zeigen,
Was er braucht. Das Augenmerk auf sich.

Elisabeth Plessen

Rücksichtslose Ich-Bezogenheit der Partner

Der feindselige Ton unter den Partnern, die Selbstbezogenheit des männlichen Ichs, die Rücksichtslosigkeit gegenüber den Empfindungen des Du – dies alles sind Merkmale einer deformierten Beziehung, die man kaum mehr ‚Liebe‘ nennen mag.

Auch das kleine Gedicht von Karin Kiwus „Fragile“ (RUB, S. 341) beklagt den besitzsüchtigen, unsensiblen Egoismus des Mannes mit seiner Unfähigkeit zur aufmerksamen Zuwendung. Es wirkt zwischen den betroffenen Figuren dieser Gedichte etwas Verbindendes, ein schwer zu definierendes Gefühl zwanghaften Miteinander-Seins ohne Freundlichkeit, für das uns ein treffender Begriff fehlt.

Liebeslyrik im Zeichen der Emanzipation

Hiltrud Gnüg charakterisiert die vom Emanzipationsprozeß erschütterten Liebesbeziehungen in ihrer Doppelgesichtigkeit mit folgenden Worten:

Gerade das, was freundliche Partnerschaft erst ermöglichen kann – die Auflösung der einengenden Geschlechterrollen –, schafft neue Schwierigkeiten, verunsichert den Mann in seinem Selbstverständnis, macht die Frau fordernder und empfindlicher in ihrem neuen Selbstverständnis. (H. Gnüg, a. a. O., S. 38f.)

In der Liebeslyrik der 70er und 80er Jahre spiegeln sich diese Vorgänge besonders in den Gedichten von Frauen, für die das veränderte Rollenbewußtsein ja neue Möglichkeiten der Selbstverwirklichung in der Liebe mit sich bringen sollte. Die Realität in den Gedichten wirkt aber eher deprimierend. Enttäuschungen, die sich einstellen, wenn alte unzulängliche Beziehungsmuster zerstört werden, während neue, positive Formen der Partnerschaft noch nicht gefunden sind, äußern sich in resignativem Verzicht oder in tapferem Festhalten an den hohen Erwartungen.
Während das lyrische Ich in Ulla Hahns „Bildlich gesprochen" mit aggressiver Entschlossenheit auf seinem Liebesanspruch besteht und diesen kompromißlos zu verwirklichen sucht, weisen andere Liebesgedichte eine völlig entgegengesetzte Haltung auf.

Liebe in der banalen Alltäglichkeit

Beim dürftigen Zustand der Liebe in der alltäglichen Wirklichkeit – und diese spielt im Gegenwartsgedicht eine große Rolle – besteht zum Höhenflug der Gefühle wenig Anlaß. Daher bleibt dem liebenden Ich nur der stille, melancholische Abschied von seinen Glücksvorstellungen. Das Gedicht „Lösung" von Karin Kiwus, erschienen 1979, bringt die keineswegs seltene Resignation beispielhaft zum Ausdruck:

Lösung

Im Traum
nicht einmal mehr
suche ich
mein verlorenes Paradies
bei dir

ich erfinde es
besser allein
für mich

In Wirklichkeit
will ich
einfach nur leben
mit dir so gut
es geht

Karin Kiwus

Das Gedicht bewegt sich zwischen den Polen der traurig-nüchternen Reflexion über den *Traum* von der großen Liebe (Strophe 1) und der Bescheidung auf das schmale ‚Glück' der *Wirklichkeit* (Strophe 3). In der Mittelstrophe formuliert das Ich eine Anweisung („Lösung") für den Umgang mit seinen hohen Glückserwartungen.

Zwischen Utopie und Resignation

Die Möglichkeit, eine die ganze Existenz erfassende Liebe mit einem Menschen zu verwirklichen, erscheint dem lyrischen Subjekt so utopisch, daß sie nicht „einmal im Traum" mehr zugelassen wird. Sie gleicht der vergeblichen Suche nach dem „verlorenen Paradies", aus dem die Menschen für immer vertrieben wurden. Aus dieser schmerzlichen Einsicht ergeben sich für das Ich zwei Konsequenzen. Einerseits erkennt es, daß die realistischen Bedingungen bestenfalls ein gemeinsames alltägliches Leben zulassen („so gut es geht"), in dem die Vorstellung vom überirdischen Liebesglück („Paradies") unerfüllt bleiben wird. Wenn es nur „einfach leben" will, dann bedeutet das: ohne Aufwand an tiefen Gefühlen, ohne den Luxus der Träume. Die Haltung des lyrischen Ichs kennzeichnet sich aus der Sicht des Gedichtanfangs, der noch über die Textgrenze hinaus in eine Vergangenheit voll schwärmerischer Hoffnungen zurückweist, als schmerzliche Resignation.

Selbstisolierung des Liebenden

Die zweite Folgerung besteht darin, daß die vorhandene Glückssehnsucht sich für das lyrische Ich nur unabhängig von der realen Beziehung zu Menschen erfüllen läßt. Davon spricht die mittlere Strophe, der aufgrund ihrer zentralen Stellung ein besonderes Gewicht zukommt. Wir müssen ihre Aussagen als einen Rückzugsversuch des Subjekts auf sich selbst verstehen: „ich ... allein ... für mich" – so lauten die pronominalen Schlüsselwörter. Der Vers 7 bildet die formale Zentralachse des Gedichts. Wenn wir ihn isoliert betrachten, bekommt er eine erschreckende semantische Vieldeutigkeit: „besser allein". Im Kontext der Strophe meint er natürlich, daß man die utopischen Vorstellungen von der Liebe und ihrer Verwirklichung, die man nur „erfinden", d. h. ‚erdichten' kann, „besser allein" für sich behält. Sie mit der gesellschaftlichen Realität von Liebespartnerschaft zu konfrontieren, führt zu den schmerzlichsten Enttäuschungen. So steht im Zentrum des Textes übergroß das vereinzelte, sich zur Vereinzelung bekennende Ich, das Zuwendung nur in der Sphäre des belanglos Äußerlichen erwartet. Wir erfahren in dieser zeitgenössischen Liebeslyrik, daß auch solche schlichten Hoffnungen sich in der realen Partnerschaft nur selten erfüllen. Wie kaum eine literarische Epoche zuvor bezieht sich die gegenwärtige Poesie auf die sozialpsychische Wirklichkeit des täglichen Daseins. Von dort aus entfaltet sie ihre Texte über die Liebe, die man auch verstehen kann als Reaktion auf eine Lyrik, in der ästhetische Formqualitäten und faszinierend-dunkle Sprachbilder den Wirklichkeitsgehalt aus der Dichtung verdrängen (vgl. Kapitel 2). Von den Tendenzen der modernen Lyrik nach 1945, sich zum reinen, selbstgenügsamen Kunstwerk zu entwickeln, ist die Liebesdichtung der Gegenwart weit entfernt.

‚Realismus' im gegenwärtigen Liebesgedicht

Die Liebeslyrik der letzten beiden Jahrzehnte charakterisiert sich vor allem durch die Bereitschaft, in unverhüllter Sprache persönliche Gefühle zu bekennen (‚Neue Subjektivität'). Ineins mit ihrem engen Bezug zur Realität, die auf jede ‚romantische' Überhöhung verzichtet, vermitteln die Gedichte einen wirklichkeitsnahen Liebesbegriff, der im Spannungsfeld von hoher Erwartung und tiefer Enttäuschung steht. Die Vorstellungen von gelungener harmonischer Zuneigung zwischen Liebenden werden als Utopie entlarvt. Daher verwirklicht sich Liebe in diesen Texten als Feindschaft der Geschlechter, als vergebliches Festhalten am Ideal oder als resignativer Verzicht auf Glück. Einfache Sprach- und Formgebung entsprechen häufig der Reduktion der Liebe auf anspruchslose Partnerschaft.

Flüchtige Begegnungen des Glücks. Liebeslyrik der Moderne

Der Einsatz der literarischen Moderne in Deutschland wird von der Literaturgeschichte mit dem *expressionistischen Jahrzehnt* (1910–1920) als der letzten zusammenhängenden Bewegung angesetzt. Ihre revolutionäre Handhabung von Sprache, Bildlichkeit und Form und ihre antirealistische Tendenz haben die Lyrik bis in die Fünfziger Jahre hinein beeinflußt (Benn).
Allerdings zeigen sich zwischen den beiden Weltkriegen auch gegenläufige Strömungen, die man unter dem Stilbegriff der ‚*Neuen Sachlichkeit*' zusammenfaßt. Ringelnatz, Tucholsky, Brecht, Kästner sind hier als Lyriker mit realistisch-kritischen und ironisch-parodistischen Texten zu nennen.
Das Jahr des Zusammenbruchs (1945) als „Stunde Null" markiert Einschnitt und Neubeginn der deutschen Literatur. In den ersten Jahren dominiert eine *Zeitlyrik* (bis etwa 1948), in der die historische Situation nach dem Kriege zur Sprache kommt (Holthusen, Hagelstange, Hermlin). Daneben setzt sich eine Stil- und Bewußtseinsrichtung durch, die man als *naturmagische Lyrik* bezeichnet; ihr geht es um das überzeitliche Wesen von Mensch und Natur (Lehmann, Langgässer, Huchel, Krolow).
Ihre Fortsetzung findet sie von der Mitte der fünfziger Jahre an als *Experimentallyrik*. Entstanden auf dem Boden kritischer Sprachexperimente, nähert sich die Lyrik einer Form der ‚reinen' Dichtung (Eich, Celan, Krolow, Bobrowski). Noch während der sechziger Jahre orientiert sich die Literatur zunehmend *gesellschaftskritisch-politisch* (Enzensberger, Grass, Heißenbüttel, Fried).
Als Beispiel für die ästhetisch-experimentelle Liebeslyrik wählen wir ein Krolow-Gedicht (1960), dem wir ein thematisch verwandtes, poetisch ‚sachliches' Liebesgedicht von Brecht (1925/26) gegenüberstellen.

Krolow über moderne Liebeslyrik

In einer berühmt gewordenen Abhandlung aus dem Jahre 1961 zur modernen Poesie äußert sich Karl Krolow (geb. 1915) über die Beschaffenheit des Liebesgedichts. Die beiden Jahrzehnte nach dem Zweiten Weltkrieg, von denen er hauptsächlich spricht, gehören nach seiner Auffassung nicht zur „Zeit der schlagenden Herzen“ und der „stürmischen Erklärungen“. Vielmehr sei die Lyrik von „Unsicherheit und Unruhe“ erfüllt, und das liege vor allem an den Widersprüchen zwischen den Gefühlen des einzelnen und dem „Schwinden des Persönlichen in der modernen Massengesellschaft“. Damit werde die Liebesdichtung als individuelle Bekenntnisliteratur in der anonymen Öffentlichkeit nahezu unmöglich. Krolow zieht daraus den Schluß, daß Gefühlsmitteilungen in der Poesie sehr distanziert erfolgen müßten, um Sentimentalität und „aufdringliche Privatheit“ zu vermeiden. Das Gedicht solle eine grundsätzliche „Scham“ bewahren und dürfe nicht zur seelischen „Intimitätenschau“ verkommen. (K. Krolow, Aspekte zeitgenössischer deutscher Lyrik. Berlin 1961, S. 55–61)

Distanz gegenüber den Gefühlen

Wenn wir uns unter diesen Gesichtspunkten den Liebesgedichten der Nachkriegszeit zuwenden, so finden wir tatsächlich bei vielen Autoren (Celan, 1920–1970 – Eich, 1907–1972 – Bachmann, 1926–1973 u. a.) eine auffällige Zurückhaltung gegenüber den Gefühlsäußerungen. Die Liebe ist zwar ein zentrales Thema in der Lyrik geblieben, aber die Dichter begegnen ihr voller Zweifel an der Beständigkeit des menschlichen Herzens. An einem der zahlreichen Liebesgedichte von Krolow wollen wir verdeutlichen, welche Gestaltungsmöglichkeiten die Liebeslyrik dieser Jahre noch wahrnimmt.

Liebesgedicht

Mit halber Stimme rede ich zu dir:
Wirst du mich hören hinter dem bitteren Kräutergesicht
Des Mondes, der zerfällt?
Unter der himmlischen Schönheit der Luft,
Wenn es Tag wird,
Die Frühe ein rötlicher Fisch ist mit bebender Flosse?

Du bist schön.
Ich sage es den Feldern voll grüner Pastinaken *.
Kühl und trocken ist deine Haut. Ich sage es
Zwischen den Häuserwürfeln dieser Stadt, in der ich lebe.

* Krautige Pflanze

Dein Blick – sanft und sicher wie der eines Vogels.
Ich sage es dem schwingenden Wind.
Dein Nacken – hörst du – ist aus Luft,
Die wie eine Taube durch die Maschen des blauen Laubes schlüpft.
Du hebst dein Gesicht.
An der Ziegelmauer erscheint es noch einmal als Schatten.
Schön bist du. Du bist schön.
Wasserkühl war mein Schlaf an deiner Seite.
Mit halber Stimme rede ich zu dir.
Und die Nacht zerbricht wie Soda, schwarz und blau.

(Ersch. 1960)

Karl Krolow

Texterschließung durch Gliederung

Die Verständnisschwierigkeiten, vor die uns dieses Gedicht stellt, sind beträchtlich. Wir wollen ihnen zunächst durch eine Strukturierung des Gesamttextes begegnen, die häufig zur ersten Klärung komplexer Sachverhalte führen kann. Formal handelt es sich um die monologische Anrede eines lyrischen Ichs an die geliebte Frau. Eingerahmt wird der eigentliche Redeteil von einer Rede-Einleitung („Mit halber Stimme rede ich zu dir“) in Zeile 1 und ihrer Wiederholung in Zeile 19. Der letzte Vers steht außerhalb der Rede und dient dem unaufhebbaren Abschluß des Ganzen.

Rahmen- und Binnenteil

Die Verse 2–6 gehören zur Rede-Einleitung, insofern sie in Gestalt des Fragesatzes die Aufforderung zum Zuhören und außerdem eine zeitliche Fixierung der Situation formulieren. Die wesentlichen Rede-Aussagen stehen in den Versen 7–18, wobei durch die Zeilen 7 und 17 („Du bist schön“) nochmals eine Art von Rahmen geschaffen wird. Dem schließt sich der Vers 18 in einer Position außerhalb des ‚Binnenrahmens‘ an (ähnlich wie Vers 20 an den ‚Außenrahmen‘). Seine Sonderstellung besteht darin, daß er das Ende des Gedichts vorbereitet; er ist im Sinne dieser Funktion der einzige Vers mit einem Imperfekt („. . . war mein Schlaf“).

Die vorliegende Redesituation, auch wenn wir sie als Monolog begreifen, verlangt im Grunde genommen zwei Personen. Und die zahlreichen direkten

Monolog als Scheindialog

'Tagelied'-Form

Anredeformen („Wirst du mich hören" – „hörst du") sowie die Zeile 10 („Du hebst dein Gesicht") erwekken den Eindruck, daß die Angesprochene in der Gedicht-Szene wirklich gegenwärtig ist. Der Vers 18 („Wasserkühl war mein Schlaf an deiner Seite") spricht vom nächtlichen Beisammensein der Liebenden, das durch den Anbruch des Morgens bedroht wird. Hierbei handelt es sich um ein ‚klassisches' Motiv der mittelalterlichen Minnelyrik (vgl. Kapitel 10). In einer kunstvollen Liedform, dem sogenannten „Tagelied", das oft als Wechselgesang der Liebenden gestaltet wurde, beklagen sie das Herannahen des Tages und das Ende ihrer Liebesnacht. Mit der Erinnerung an diese lyrische Ur-Situation schafft Krolow ein szenisches Arrangement, das eindeutig auf die unmittelbare Anwesenheit der Geliebten hinweist.

Innere Ferne zwischen Liebenden

Andererseits wird das Du durch die metaphorische Formulierung „hinter dem bitteren Kräutergesicht des Mondes" in geradezu unerreichbare Ferne entrückt. Diese sinnbildliche Distanz kann aufgrund ihrer Irrealität nur auf das innere Verhältnis der beiden bezogen werden; sie ergäbe sonst keinen Sinn. Damit führen uns aber gleich die ersten Zeilen in ein zentrales Problem der modernen Liebeslyrik: den Widerspruch aus räumlicher Nähe und seelischer Ferne zwischen den Liebenden. Die Charakterisierung des Schlafs an der Seite der Geliebten als „wasserkühl" deutet auf dieselbe Spannung von intimer Nähe und leidenschaftsloser Distanziertheit. Für Hugo Friedrich liegt in dieser Konstellation ein Wesenszug der neueren Liebesdichtung (Die Struktur der modernen Lyrik. rde 880. Hamburg 1956, S. 175). Tatsächlich kennt das traditionelle Gedicht eher das gegensätzliche Erlebnis: die starke innere Verbundenheit trotz räumlicher Trennung („Wenn ich ein Vöglein wär"). Dagegen bezeugen zahllose Gedichte des 20. Jahrhunderts den tiefgehenden Wandel des Motivs, wie er sich in Krolows Text darbietet. Sie sprechen von der inneren Fremdheit zwischen den Liebenden, auch von der Sehnsucht, sie zu überwinden, nicht aber von Harmonie und Hingabebereitschaft.

Kommunikative Probleme der Partner

Entsprechend ist auch die Kommunikation als vertrauensvolles Zwiegespräch unter den Partnern schwierig geworden. Die Eingangsfrage von Krolows Gedicht „Wirst du mich hören?“ und der Appell „hörst du“ (Vers 13) signalisieren die Ungewißheit des lyrischen Ichs über die Anteilnahme des Du. Ob es sich der Anrede durch den Geliebten öffnet, bleibt unklar. Der Text bietet keinen Hinweis dafür, daß es die Rede überhaupt wahrnimmt. Insofern haben wir es – wie so oft in der Lyrik – mit einem Selbstgespräch zu tun, in dem das Ich seine Empfindungen mitteilt, während die Gefühle des andern weitgehend im Dunkeln bleiben.

Wenn wir den eigentlichen Redeteil der Verse 7–18 betrachten, so können wir zwei Aussageschichten voneinander unterscheiden: die Schönheit der Geliebten und das Sich-Aussprechen des lyrischen Ichs. Das geschieht in der wohlbekannten Figur des dreifachen Beschwörungszaubers („Du mußt es dreimal sagen!“). Der dreimaligen Schönheitsbeteuerung (Vers 7 u. 17) entspricht das dreimal wiederholte „Ich sage es“ (Vers 8, 9 u. 12). Es gibt in diesem inneren Kommunikationsteil des Gedichts zwei Adressaten, nämlich das Du und – auf anderer Sinnebene – die Felder, die Stadt, den Wind. Da alle Ansprachen unerwidert bleiben, verlaufen die Äußerungen des lyrischen Subjekts echolos im Leeren. Ohne Beziehung fügt sich Aussage an Aussage. Ihre syntaktische Isoliertheit gibt zu erkennen, daß eine unmittelbare Verbindung zwischen dem Liebenden, dem Du und der ‚Welt‘ nicht besteht. So ist das Ich der modernen Lyrik in eine Vereinzelung geraten, die beispielsweise Goethes Liebesdichtung noch nicht kannte. In seinem „Mailied“ (vgl. Kapitel 7) sind die Naturvorgänge mit den Gefühlserlebnissen des Menschen noch so innig verwoben, daß sich das eine im andern spiegelt. Während die Welt dort dem Liebenden antwortet, bildet sie hier ein schweigendes Gegenüber.

Beziehungslosigkeit des Subjekts

Beziehung zwischen Mensch und Natur

Aber die Natur spielt selbstverständlich auch in Krolows „Liebesgedicht“ ihre elementare Rolle. Vor allem zur Beschreibung der Geliebten benutzt das lyrische Ich Naturvergleiche, deren Sinn nicht ganz leicht zu erkennen ist. Die wichtigsten Aussagen über das Du finden sich in den Versen 11–17. Die dabei verwendete Bilderreihe gilt es zu entschlüsseln, wenn wir das Ganze verstehen wollen. Das wird allerdings nur gelingen, wenn wir die Metaphern und Chiffren als zusammenhängenden Kontext betrachten. In ihrer isolierten Stellung bleiben sie meist rätselhaft dunkel.

Entschlüsselung der Naturbilder

Zunächst vergleicht das Ich den Blick der Frau mit dem eines Vogels, dann spricht es von seiner Anrede des „schwingenden Windes"; danach formuliert es die Analogie zwischen dem Nacken der Geliebten und der Luft, die ihrerseits wieder mit einer entschlüpfenden Taube verglichen wird. Was sich als Einzelbild der unmittelbaren Erklärung entzieht, erschließt sich in der Addition der Bilder. Die körperlichen Besonderheiten der Frau (Blick, Nacken), die das Gedicht hervorhebt, werden durch die Verknüpfung mit Vergleichselementen wie Vogel/Taube bzw. Wind/Luft gleichsam entmaterialisiert, in Bewegung gesetzt und verflüchtigt; sie werden ungreifbar. Ähnliches wiederholt sich auf höchst kunstvolle Weise in den Versen 15/16. Das Gedicht vermittelt uns nicht den realen Anblick eines Frauengesichts, sondern verwandelt es in ein Schattenbild an der Ziegelwand und beraubt es damit seiner substanziellen Körperlichkeit. Die nachfolgende Zeile 17 mit ihrer spiegelsymmetrisch angeordneten Verdoppelung „Schön bist du. Du bist schön" wirkt wie ein rhetorischer Reflex auf die poetische Darbietung des Gesichts als Abbild des Urbilds. Hier zeigt sich die hochgradige künstlerische Bewußtheit, mit der das Gedicht die zunehmende Vereinsamung und Kommunikationslosigkeit in poetischen Bildern veranschaulicht.

Körperlose Schönheit der Frau

Die Schönheit der Geliebten in Krolows Gedicht – das hat die Bildinterpretation des Redeteils gezeigt – ist eine körperlose Schönheit. Dem entsprechen auch die vergleichbaren Bilder der Rede-Einleitung. In Vers 4 wird die höchste, nämlich „himmlische Schönheit" der Luft zugesprochen. Das fügt sich in genauem Sinn zu der Flüchtigkeit, die dem Du anhaftet. Die metaphorische Umschreibung der Frühe als „Fisch mit bebender Flosse" (Vers 6) wiederholt in variierter Form die Aussage, die wir dem Vergleich des ‚Vogelblicks' entnehmen: das unstete Auf-dem-Sprung-Sein, die Vorstellung von einer unvorhersehbaren Fluchtbewegung, die als diffuse Grundstimmung das Gedicht durchzieht. Auch der Mond hat keinen Bestand (Vers 3), ebensowenig wie der Schatten des Gesichts, den er hervorbringt.

Wasser-Metaphorik: leidenschaftslose Kühle

Mit dem Bild des Fisches verknüpft sich eine weitere Bedeutungskette. Es werden Assoziationen mit dem Bereich des Wassers und der Kühle hervorgerufen, die in der Gesamtatmosphäre des Gedichts eine wichtige Rolle spielen. „Kühl und trocken" nennt das lyrische Ich die Haut der Geliebten (Vers 9) und evoziert damit den Eindruck von innerer Kälte, Leidenschaftslosigkeit. Noch stärker geht diese Wirkung von der ‚Wasserkühle' des Schlafs aus (Vers 18). Anstelle der traditionellen Feuer- oder Glutmetaphorik konfrontiert uns das Gedicht mit Bildern von Wasser und Kälte, die wir schwerlich auf ein erotisches Verhältnis beziehen können.

Wasser-Metaphorik: die nichtgreifbare Liebe

Die beiden Metaphernreihen, in denen die Sinnbezirke des flüchtig Bewegten und flüssig Kühlen sich zu einem sinnvollen Komplex vereinen, dienen dem Dichter zur poetischen Darstellung seiner Auffassung von Liebe als einem Nichtfaßbaren, nicht Festzuhaltenden, dem leidenschaftliche Erotik fremd ist. Das Bild des Wassers zur dichterischen Beschreibung der Liebe, das bei Krolow nur in versteckter Andeutung erscheint, hat eine sehr viel direktere Ausprägung bereits bei Yvan Goll (1891–1950) erhalten, der ein Liebesgedicht mit den Versen beginnt:

> Ungreifbarer als Wasser
> Du mir Geschenkte.
>
> (RUB, S. 254)

Die 8. Zeile dieses Gedichts verallgemeinert die subjektive Empfindung zur Erkenntnis: „Alles lieben und nichts fassen". Der Anfangsvers eines anderen Liebesgedichts von Goll lautet: „Du bist ungreifbarer Wie ein Bach" (RUB, S. 254).

Metaphern der flüchtigen Bewegung

Vor dem Bedeutungshintergrund dieser Bildvergleiche verstehen wir, daß Krolows „Liebesgedicht" etwas Ähnliches meint, wenn es die Geliebte in eine körperlos flüchtige Erscheinung verwandelt und in den Kontext des fliehend Bewegten (Luft, Wasser) bringt. Die Beständigkeit von Beziehungen ist in Frage gestellt, die In-Besitznahme des geliebten

Metaphern des Zerfalls: Unbestängigkeit der Liebe

Menschen, von der Ulla Hahns „Bildlich gesprochen“ (vgl. Kapitel 1) ausgeht, erscheint undenkbar. So entwirft das Gedicht eine Liebe, die keine Dauer, sondern nur ein flüchtiges Sein kennt. Mit dieser Vorstellung korrespondieren auch die beiden Zerfallsbilder zu Beginn und am Schluß des Gedichts: der Mond zerfällt – die Nacht zerbricht. Der Mond gilt als der freundlich vertraute Begleiter der Liebenden in zahllosen traditionellen Gedichten. Krolow verfremdet ihn durch das ungewöhnliche Bild des „bitteren Kräutergesichts“, dem wir keine exakte Bedeutung zuordnen können, mit dem wir aber Konnotationen des Enttäuschenden und der Trauer verbinden. Das Zerfallen des Mondes verweist in der ‚realen‘ Ebene auf das Herannahen des Morgenlichts; im übertragenen Sinne enthält es zugleich Anspielungen auf das drohende Ende der Liebesbegegnung. Zum Bild des Mondes gehört nämlich die Nacht, die als die hohe Zeit der Liebe gilt. Im Vergehen der Nacht beim aufdämmernden Morgen spiegelt sich das Verlöschen der Liebe. Die Verben, mit denen der Text den Wechsel der Naturphänomene beschreibt, verleihen dem Vorgang eine beängstigende Gewaltsamkeit. Das lyrische Ich erlebt in ihnen gerade nicht das rhythmische Kommen und Gehen, sondern eine unwiderrufliche Zerstörung, die es auf das Liebeserlebnis bezieht. Im „Zerfallen“ und „Zerbrechen“ drückt sich ja eine Entzweiung der Dinge und Wesen aus, die nicht rückgängig gemacht werden kann. Sie betrifft vom primären Textsinn her vor allem die beiden Liebenden. Aber die kommunikative Gesamtsituation des Gedichts (Verse 8–12) legt es nahe, das Bild dieser Vereinzelung als Ausdruck der Beziehungslosigkeit unter den Menschen überhaupt zu verstehen.

Metaphern der Kälte: Einsamkeit

Von hier aus bekommen auch die Metaphern der Kälte einen zusätzlichen Sinn. „Kühl“ verweist im Gedichtkontext zunächst auf das leidenschaftslose Verhältnis zwischen den Liebenden. Darüber hinaus bezeichnen wir menschliche Verhaltensweisen als „kühl“, die sich durch eine distanzierte Unbeteiligtheit, durch seelische Kälte charakterisieren und eine herzliche Begegnung nicht zulassen. Für den Liebenden ist eine solche Empfindungskälte eigentlich undenkbar. Wenn das lyrische Ich dennoch den Eindruck der Kühle in der Liebesbeziehung erweckt (Vers 9 u. 18) und das Gedicht diese Atmosphäre verbreitet, dann erklärt sich das aus der Gewißheit über den drohenden Zerfall der Liebe. Das tief verletzbar gewordene Subjekt sucht sich durch eine innere Distanz zum Gefühl vor der Erschütterung zu schützen. So sprechen die Metaphern der Kälte – ebenso wie die Flucht-Metaphern – von der Selbstbewahrung des Ichs und von seiner Angst, sich in der Liebe zu verlieren. Gleichzeitig verdeutlichen sie im Zusammenhang mit den Zerfallsbildern einen Zustand, in dem die Liebenden auch durch die innige Begegnung („Schlaf an deiner Seite") gar nicht mehr zueinanderfinden können.

Schutz vor den Gefühlen

Hugo Friedrich gewinnt diesen „harten Bildern" und schwierigen Metaphern der modernen Liebeslyrik einen durchaus positiven Aspekt ab. Die zerbrechenden Gefühle – so deutet er den Vorgang – retten sich in eine „kreative Sprache", die bis dahin unbekannte poetische Dimensionen erschließt. Da der überlieferte lyrische Bild- und Formelschatz die moderne Erfahrung von der Brüchigkeit der Liebesbeziehungen nicht angemessen vermitteln kann, schaffen die Dichter auf dem Boden ihrer Erlebnisse neuartige Sprachgebilde. Deren Merkmal ist eine tief verschlüsselte, kaum verständliche (hermetische) Sinnschicht (vgl. H. Friedrich, Die Struktur der modernen Lyrik, a. a. O., S. 175 f.).

Neue Bildersprache der modernen Lyrik

Verschlüsselung, hermetische Dichtung

Diese Tendenz der modernen Lyrik, Gefühle in dunklen, irritierenden Metaphernkombinationen und isolierten Chiffren eher zu verbergen als zu enthüllen, hat ihre wesentliche Ursache in der kommunikativen Scheu. Wie Krolow in seiner anfangs erwähnten Abhandlung über das Liebesgedicht darlegt, ist die Bereitschaft zum Aussprechen persönlicher Empfindungen durch die zunehmende Entfremdung auch unter vertrauten Menschen empfindlich gestört. Daher spricht das lyrische Ich seines „Liebesgedichts" zu Feldern, Häusern und zum Wind, nicht aber zu teilnehmenden Menschen.

Das Gedicht selbst richtet sich an den Leser und ist auf dessen Kommunikationswillen angewiesen. Aber es macht ihm aufgrund der hermetischen Struktur den Dialog nicht eben leicht. Wir sehen darin ein Hauptmerkmal der Lyrik aus den 50er und 60er Jahren. Texte wie I. Bachmanns „Nebelland" (RUB, S. 303), G. Benns „Liebe" (RUB, S. 260) oder P. Celans „Chanson einer Dame im Schatten"

Kommunikationsprobleme zwischen Leser und Text

(RUB, S. 298), in Stilhaltung und Thematik dem Krolow-Gedicht verwandt, widersetzen sich dem unmittelbaren Verstehen oder einfühlenden Miterleben. Sie können mit ihren sprachlichen Verfremdungen eine spontane Faszination ausüben. Sie erschweren aber – wie man kritisch gegen sie eingewandt hat – oder „verhindern die Identifikation von Autor und Leser“ (H. Lehnert, Struktur und Sprachmagie. Stuttgart u. a. 1972, S. 106). Selbstverständlich streben diese Liebesgedichte eine Leser-Identifikation gar nicht an. Ebensowenig wie sich das Verhältnis zwischen den Liebenden innerhalb der Gedichte als fragloses Einssein erweist, kann sich auch die Beziehung des Lesers zum Text nicht als harmonische Übereinstimmung vollziehen. So spiegelt die schwierige Rezeption alle jene Probleme wider, die die modernen Autoren mit der Liebe und ihre Gedichtfiguren miteinander haben.

Traditionelle Lyriksprache und modernes Bewußtsein: Brecht

In gänzlich anderer Stillage als Krolow, ohne die hermetische Dunkelheit faszinierender Metaphern, sondern in sachlich nüchterner Sprache mit einfachster Wortwahl behandelt Bertolt Brecht (1898–1956) das Thema. Ihm geht es gerade um die gedankliche Durchschaubarkeit seiner Texte durch den Leser. Das setzt zugängliche Bilder und verständliche Strukturen voraus. Im Hinblick auf die poetische Gestaltungsweise können wir Brecht also als Antipoden zu Krolow und der von ihm vertretenen Lyrik betrachten. Das gilt aber nicht für die inhaltlichen Aussagen der Gedichte über Liebe und Partnerschaft. Hier lassen sich, wie die Betrachtung des nachfolgenden Sonetts von Brecht (entstanden 1925/26) zeigen wird, überraschende Parallelen feststellen.

Entdeckung an einer jungen Frau

Des Morgens nüchterner Abschied, eine Frau
Kühl zwischen Tür und Angel, kühl besehn.
Da sah ich: eine Strähn in ihrem Haar war grau
Ich konnt mich nicht entschließen mehr zu gehn.

Stumm nahm ich ihre Brust, und als sie fragte
Warum ich Nachtgast nach Verlauf der Nacht
Nicht gehen wolle, denn so war's gedacht
Sah ich sie unumwunden an und sagte:

Ist's nur noch eine Nacht, will ich noch bleiben
Doch nütze deine Zeit; das ist das Schlimme
Daß du so zwischen Tür und Angel stehst.

Und laß uns die Gespräche rascher treiben
Denn wir vergaßen ganz, daß du vergehst.
Und es verschlug Begierde mir die Stimme.

Bertolt Brecht

Sonettform

Brecht wählt die traditionelle Gedichtform des Sonetts mit der streng gegliederten Anordnung von zwei vierzeiligen und zwei dreizeiligen Strophen. Dieses Formschema erlaubt eine klare Strukturierung der lyrischen ‚Handlung', der Reden und Gedankengänge der Gedicht-Figuren.

Die Anfangsstrophe versetzt uns in eine für viele Liebesgedichte typische Situation, die wir auch bei Krolow angetroffen haben: der Abschied der Liebenden nach gemeinsamer Nacht am Morgen. Die Schlußzeile der Strophe bringt eine unerwartete Wendung durch das Zögern des lyrischen Ichs, die vage Absicht zu bleiben.

Kommunikative Situation

Das leitet über zur 2. Strophe, in der der Mann tatsächlich umkehrt, was das Erstaunen der Frau und ihr Verlangen nach einer Erklärung hervorruft. Diese erfolgt in den Strophen 3 und 4 als direkte ‚Rede' des lyrischen Subjekts. Der erste Teil der Äußerungen (Strophe 3) richtet sich als Rat bzw. als Vorwurf an die Frau, während der zweite Teil (Strophe 4) durch die Wir-Formen eine kommunikative Gemeinsamkeit herstellt, die aber in Vers 13 und 14 wieder zurückgenommen wird. Der Schlußvers steht bereits außerhalb der Rede und betrifft allein die Erlebnissphäre des Ichs. Er schließt das Gedicht nicht nur formal, sondern auch mit inhaltlicher Folgerichtigkeit endgültig ab; dem Ich versagt die Stimme, und jede weitere Mitteilung wäre Indiskretion.

Monologisches Sprechen

Wie im Redeteil des Krolow-Gedichts wirkt das Sprechen des lyrischen Ichs auch hier eher monologisch, ohne erkennbare Reaktion auf seiten der Frau. Die Rede stiftet also keinen dialogischen Kontakt, sondern dringt beziehungslos auf die Angesprochene ein, lieblos im Ton wie im Inhalt.

Dennoch steht das Gedicht ganz im Zeichen einer Liebesbegegnung, und zwar einer vor allem von Sexualität geprägten Liebe. Das gesamte Geschehen ist eingebettet zwischen „nüchternen Abschied"

(Vers 1) und „Begierde“ (Vers 14), in denen wir die Signale der psychischen Kälte erblicken, wie sie Erlebnissen ohne Zärtlichkeit und menschliche Wärme eigen ist. Das zweifach eingesetzte Adverb „kühl“, einmal auf die Frau, dann auf den Blick des Mannes bezogen, verstärkt – wie die Kälte-Metaphern Krolows – den Eindruck der seelischen Ferne zwischen den beiden. Zweimal benutzt Brecht auch die umgangssprachliche Redensart „zwischen Tür und Angel“. Hier im 2. Vers unterstreicht sie die Flüchtigkeit, mit der die ‚Liebenden‘ sich ohne Anteilnahme wie Fremde an der Tür voneinander zu trennen gedenken.

Liebe ohne innere Anteilnahme

Einen „Nachtgast“ nennt der 6. Vers das lyrische Subjekt. „Gast“ aber kann jemand nur dann sein, wenn er eigentlich ein Fremder ist. Und das ist der Mann trotz der intimen Begegnung geblieben. Ein wirkliches Zueinanderfinden, das den Abschied mit Trauer beschweren würde, hat sich nicht ereignet. Dies alles entnimmt der Leser den ersten Versen, wenn er die ‚Vorgeschichte‘ der verlaufenen Nacht gedanklich rekonstruiert, um sich im Gedichtanfang zurechtzufinden.

Fremdheit zwischen Liebenden

Die disharmonische, qualvolle Situation des Eingangsbildes spiegelt sich zusätzlich im rhythmischen ‚Mißklang‘ der ersten beiden Zeilen. Leicht und getragen, mit zweisilbiger Senkung klingt zunächst „Des Morgens nüchterner Abschied“. Die Begegnung scheint sich problemlos zu erledigen. Dann stockt der Verlauf, und mit drei Pausierungen („eine Frau/kühl/zwischen Tür und Angel/kühl besehn“) erreichen die Verse nur mühsam ihr Ziel. Das ist bei Brechts sorgfältigem Einsatz formaler Mittel kein Zufall. Der unbeholfene Rhythmus verrät innere Widerstände des lyrischen Ichs; er kündigt das Zögern, das Umwenden des Mannes an, das in der folgenden Zeile mit einer belanglos scheinenden Wahrnehmung einsetzt: der grauen Strähne im Haar der Frau.

Disharmonie im Rhythmus

Nun wird eine emotionale Betroffenheit spürbar – Mitleid vielleicht –, die den Wunsch zum Bleiben wachruft. Die Frau, die damit nicht gerechnet hat, erhält vom lyrischen Ich sogleich die begründenden Erklärungen. Sie bilden das gedankliche Zentrum

des Gedichts, in dem sich der Liebesbegriff mit befremdenden Argumenten entfaltet.
Der Mann gewährt der Frau über die geplante Nacht hinaus noch eine weitere und verbindet dieses ‚Geschenk' mit der Aufforderung: „Doch nütze deine Zeit". Indem er von der Zeit spricht, stellt er einen wenig liebevollen Zusammenhang mit der grauen Haarsträhne her, die ja ein Warnzeichen für das Altern und den körperlichen Verfall ist. „Nütze deine Zeit" läßt sich demnach verstehen als ein Appell an die Frau, das Glück der sinnlichen Liebe rechtzeitig wahrzunehmen, bevor ihre Jugend und Schönheit vergehen – ein Prozeß, der bereits sichtbar im Gang ist. Die Mahnung zum zeitigen Genuß der Sinnenfreuden angesichts der Vergänglichkeit des Menschen findet sich vor allem in der Liebeslyrik des Barock (vgl. Kapitel 9). Brecht, der damit bestens vertraut ist, bedient sich dieser Gedanken, um die Flüchtigkeit der Liebe im Bild von der kurzen Dauer der körperlichen Schönheit auszudrücken. Unbeständig wie unsere leibliche Erscheinung sind auch Gefühl und Leidenschaft. Während Krolow die Vergänglichkeit der Liebe in Metaphern der Entmaterialisierung versinnbildlicht, benutzt Brecht gerade umgekehrt die ‚materiale' Beschaffenheit des Menschen, um mit ihr dieselbe Erfahrung zu formulieren. Das hängt vor allem damit zusammen, daß die Liebe in Brechts Gedicht ganz körperlich-sinnlich aufgefaßt wird. Aber auch in dieser Gestalt hat sie keinen Bestand.

„Nütze deine Zeit!"

Unbeständige Liebe

Der Mahnung an die Frau läßt das lyrische Ich dann einen Vorwurf folgen: „das ist das Schlimme, daß du so zwischen Tür und Angel stehst". Die Rede ist hier von der Türschwelle als einem Ort des Übergangs, an dem man sich nicht lange aufhält. Da das Gedicht sowohl von der Liebe als auch von der Zeit spricht, wohnt dem Bild eine zweifache Bedeutung inne. Es enthält zum einen eine Anspielung auf die Vergänglichkeit: Die Frau steht auf der Grenzscheide zwischen Jugend und Alter, ja sogar zwischen Leben und Tod, wie wir dem Vers 13 („daß du vergehst") entnehmen können.

Vergänglichkeit des Menschen

Der zweite Sinn der Redewendung „zwischen Tür und Angel" ergibt sich aus dem Kontext mit dem

Liebesthema. Es handelt sich hier ja auch um den Ort des Hauses, an dem man innerlich „auf dem Sprung ist“, an dem man die Besucher flüchtig abfertigt, auf die man sich nicht ernstlich einlassen will. So hat das lyrische Ich offenbar das nächtliche Beisammensein empfunden. In dem Gedicht „An die Nachgeborenen“ formuliert Brecht diesen beiläufigen Umgang unter Liebenden: „Der Liebe pflegte ich achtlos“ (Conrady, S. 836). Genau das aber ist in den Augen des Gedicht-Subjekts „das Schlimme“, denn die Liebe verlangt erotische Begeisterung, Hingabe.

Sinnliche Leidenschaft

Unter diesem Aspekt bekommt nun die Mahnung „Nütze deine Zeit“ eine Bedeutung, die, über den temporalen Sinn hinaus, an eine andere innere Haltung der Frau gegenüber der Liebe appelliert: leidenschaftliche Teilnahme statt unbeteiligter Erledigung. Für solches Erleben, das zwischen den beiden nicht eingetreten war, schenkt ihr der Mann die zusätzliche Nacht. In ihr soll das Versäumnis nachgeholt werden, wozu der Mann mit der Aufforderung ermuntert: „Laß uns die Gespräche rascher treiben“. Damit ist nicht ein verbales Reden gemeint, sondern das intensive Steigern der Umarmungen. Körperkontakt und intime Berührung werden als kommunikativer Vorgang verstanden, der Sprache vergleichbar, die Einverständnis herstellt (A. Behrmann, in: Gedichte und Interpretationen, Bd. 5. RUB 7894. Stuttgart 1983, S. 270 ff.). Deshalb verwendet das lyrische Ich hier auch das Personalpronomen „uns“, um die Intention der Gemeinsamkeit des Erlebens auszudrücken.

Erlebnisintensität schafft Dauer

In hintergründiger Verknüpfung bringt das Adverb „rascher“ wieder das Motiv der Zeit ins Spiel, obwohl es hier gar nicht zeitlich, sondern in metaphorischem Sinne als qualitative Intensivierung der Erlebnisse gemeint ist. Denn natürlich kann man der Flüchtigkeit der Begegnung nicht dadurch entgegenwirken, daß man „rasch“ („zwischen Tür und Angel“) handelt. Im Gegenteil wird das Flüchtige dadurch noch flüchtiger. Nur durch die Steigerung des Augenblicks zu höchster Erlebnishöhe gewinnt der Moment eine Fülle, die etwas Bleibendes in den Beteiligten bewirkt. Das ist der Sinn des 12. Verses,

und darin liegt der eigentliche Inhalt der „Entdekkung“, von welcher der Gedicht-Titel spricht.
Die vorletzte Zeile liefert zu dieser Einsicht noch eine merkwürdige Begründung: „Denn wir vergaßen ganz, daß du vergehst“. Dem üblichen Wortsinn nach nimmt der Vers den Gedanken von der zeitlichen Vergänglichkeit auf, der in Zeile 10 anklingt. Doch warum sollte das Vergehen (Altern und Sterben) nur die Frau und nicht auch den Mann treffen? Die Unstimmigkeit löst sich dadurch, daß Brecht das Wort nicht im temporalen, sondern im übertragenen Sinne verwendet. Edgar Marsch erläutert die Zeile 13 mit der Bemerkung: „‚Vergehen‘ ist Verbalmetapher des Vergessens. Wiederholung der Liebesbegegnung scheint das ‚Vergessen‘ aufzuhalten“ (Brecht-Kommentar zum lyrischen Werk. München 1974, S. 150). Damit erklärt sich uns auch der Gesamtzusammenhang des Gedichts: Die erste, flüchtig erlebte Liebesnacht wird aufgrund ihrer Eindruckslosigkeit dem schnellen Vergessen anheimfallen. Dagegen wird die mit starker Leidenschaft durchlebte Begegnung Spuren im Bewußtsein hinterlassen, die länger in der Erinnerung haften, wenngleich auch sie letztlich verblassen. Zu diesem außerordentlichen Erlebnis ist das Ich bereit, und dazu fordert es die Partnerin auf, weil es die Begegnung der raschen Vergänglichkeit entreißen will, an die sie zuvor nicht gedacht hatten. Mehr kann man der Flüchtigkeit der Liebe nicht entgegensetzen.

Gegen die Flüchtigkeit der Liebe

Die Vorstellung, daß man aufgrund der beliebigen Wiederholbarkeit des Erlebnisses die Beziehung ‚verewigen‘ könnte, wird durch das Gedicht-Subjekt von vorneherein abgewehrt: es gewährt nur eine einzige Nacht. Entsprechend ist auch der Gedanke an eine anhaltende Bindung dem Liebesgedicht so völlig fremd, daß es in ihm nicht einmal Klage oder versteckte Trauer gibt.
Brechts lyrische Figur macht also dieselbe Vergänglichkeitserfahrung der Liebe wie die von Krolow. Aber sie setzt ihr einen, wenn auch nur hinhaltenden Widerstand entgegen, während das lyrische Ich bei Krolow melancholisch resigniert. Das erotisch begeisterte Gedicht-Subjekt unternimmt den Versuch, die Kühle und Fremdheit zwischen den Men-

schen durch „Wärme aus Körpernähe“ als „unsere einzige Gnade in der Finsternis“ (Brechts „Im Dickicht der Städte“) zu überwinden. Aber ein Konzept für die Aufhebung der menschlichen Vereinzelung durch die Liebe können wir darin nicht erblicken, weil die Liebe auch für Brecht vergänglich ist wie der Flug der Wolken. In seinen schönsten Liebesgedichten („Erinnerung an die Marie A.“ und „Die Liebenden“) wählt er dieses Bild von der Wolke als gültiges Symbol für die Unbeständigkeit der Liebe. Es drückt sich darin eine Erfahrung aus, die zum Leitmotiv in der Liebeslyrik des 20. Jahrhunderts geworden ist.

Trotz der unterschiedlichen Stiltendenzen äußert sich in der modernen Lyrik ein weithin übereinstimmendes Bewußtsein von der Liebe. Auf dem Boden zunehmender Fremdheit und sozialer Kälte zwischen den Menschen werden vertrauensvolle Kommunikation und dauerhafte Beziehungen zur Unmöglichkeit. Krolows Lyrik gestaltet diese Erfahrung als unabwendbares Schicksal in schwierigen Metaphern und Chiffren von hohem ästhetischen Reiz. Brecht wählt eine nüchtern argumentierende Gedicht-Sprache, und er setzt mit dem erotischen Erlebnis seiner Gedicht-Figuren ein Zeichen vergeblichen Widerstands gegen die Flüchtigkeit der Liebe.

„Eine schöne Kunstfigur". Liebesgedichte der Jahrhundertwende

Die Literatur der Jahrhundertwende bildet mit George, Rilke und Hofmannsthal unter ästhetischen Aspekten einen Höhepunkt deutschsprachiger Lyrik. Im folgenden soll von jedem der drei Autoren ein Liebesgedicht vorgestellt und daran gezeigt werden, wie sich eine gemeinsame Tendenz zur Verwandlung von Erlebnissen und Gefühlen ins formal gelungene Kunstwerk vollzieht.

Wirklichkeit und Kunstwerk

„Das Grundproblem aller Kunst ist: wie sie ihr Verhältnis zum Leben herstellt." Diese Feststellung von Peter Wapnewski in einem Aufsatz über Rilke (Zumutungen. dtv 10010. München 1982, S. 81) behauptet im Bewußtsein des heutigen Lesers ihre Geltung gerade auch für das Liebesgedicht. In ihm treffen zwei Phänomene zusammen: die in der Realität erfahrbare Liebe und die ästhetischen Gestaltungsmomente, die das Leben in künstlerischer Sprache vermitteln. Wir erwarten im Gedicht eine glaubwürdige Relation zwischen der zugrundeliegenden Wirklichkeit und ihrer poetischen Verarbeitung. Neben der besonderen sprachkünstlerischen Qualität erhoffen wir uns von der Liebesdichtung Einsichten, die unseren subjektiv begrenzten Erkenntnishorizont erweitern und uns das Wesen der Liebesbeziehungen besser verstehen lassen.

Das Verhältnis zwischen Wirklichkeitsgehalt und Kunstcharakter kann sich nun in die eine oder die andere Richtung verschieben. So sehen wir, wie in Krolows „Liebesgedicht" (vgl. Kapitel 2) mit Hilfe faszinierender Sprachbilder bewußt eine Ungenauigkeit der Gefühlsinhalte herbeigeführt wird. Dagegen bewahrt in Ulla Hahns „Bildlich gesprochen" (vgl. Kapitel 1) die Realitätsfülle der Empfindungen ein spürbares Übergewicht.

Ästhetisierung der Liebe in der Lyrik

Die Lyrik der Jahrhundertwende mit den Gedichten von George (1868–1933), Hofmannsthal (1874–1929) und Rilke (1875–1926) zeichnet sich durch eine besondere Akzentuierung der ästhetischen Momente aus. Darauf spielt die Überschrift dieses Kapitels an, die wir dem leitmotivischen Vers des Märchens „Gockel, Hinkel und Gackeleia“ von Clemens Brentano entnommen haben:

Ästhetizismus bei Brentano

Keine Puppe, es ist nur
Eine schöne Kunstfigur.

Gemeint ist damit, daß dem Dichter die Gegenstände seiner Dichtung zu bloß künstlichen Erscheinungen werden können, wenn er sie nach eigenem Belieben aus der Wirklichkeit in die Kunst hineinversetzt. Sie erhalten dann eine andere, phantastische Realität („Kunstfigur“), die von der alltäglichen (die „Puppe“ ist in dem Spruch als wirklich anschaubare Figur gemeint) ganz verschieden ist und trotzdem mit ihr auf rätselvolle Weise verbunden bleibt. Den Romantiker Brentano mit seinem ‚hochartifiziellen Temperament‘ haben – wie sehr viele andere Dichter auch – die komplizierten Wechselwirkungen zwischen Kunst und Leben sehr beunruhigt.

Stefan George

Das nachfolgende Liebesgedicht von Stefan George aus dem „Siebenten Ring“ (1907) soll uns zur Grundlage dienen, um diese allgemeinen Überlegungen zu konkretisieren.

Im windes-weben

Im windes-weben
War meine frage
Nur träumerei.
Nur lächeln war
Was du gegeben.
Aus nasser nacht
Ein glanz entfacht –
Nun drängt der mai
Nun muss ich gar
Um dein aug und haar
Alle tage
In sehnen leben.

Stefan George

Musikalisch-rhythmische Verläufe, Klangmalerei, ein kunstvolles Spiel mit den Endreimen und die unerhörte Dichte der Aussage bestimmen den ersten Rezeptionseindruck. Besonders auffällig ist die gehobene Sprechweise, die alle umgangssprachlichen Elemente meidet.

Texteindruck: gehobener Stil

Kompositorisch gliedert sich der Text in drei Teile. Die Verse 1–5 bilden eine Art Exposition mit der werbenden Frage des Liebenden nach der Zuneigung des Du und dessen zustimmender Gebärde („lächeln“). Den rhythmischen Charakter der zweihebigen Verse empfinden wir durch die Längen der betonten Silben als schwebend, getragen, zögernd wie die Aussagen. Intensive Klangbindungen entstehen durch die gehäuften w-Anlaute (Alliteration), und der Endreim („-weben/gegeben“) schließt die fünf Zeilen, die syntaktisch und aufgrund ihrer Zuordnung zu den beiden Gedicht-Figuren zweigeteilt sind, zu einer Einheit zusammen.

Struktur und rhythmischer Verlauf

Eine Sonderstellung als Mittelachse des Gedichts kommt den Versen 6 und 7 zu. Es ändert sich gegenüber den vorhergehenden sowie den nachfolgenden fünf Versen das rhythmische Tempo: die betonten Silben sind alle kurzvokalig und lauten alle auf -a-. Die Wirkung ist dynamisch aufsteigend, stakkatohaft. Die Paarreimbindung und der Gedankenstrich als Hinweis auf eine deutliche Pause bekräftigen das Eigengewicht der beiden Zeilen. Sie formulieren in einem Bild von hoher poetischer Konzentration durch den Gegensatz Finsternis – Helligkeit (wobei das Adjektiv ‚naß‘ sowohl Tränen als Regen suggeriert) die unerhörte Freude, welche die Liebesbegegnung auslöst. Wie selbstverständlich steht diese Aussage im formalen Zentrum des Gedichts. Am Glücksfall solcher Bilder versteht man, daß ‚Dichtung‘ der Wortherkunft nach mit ‚dicht‘ zusammenhängt.

Sonderstellung des Mittelteils

Die Verse 8–12 kehren zum musikalischen Typus der Anfangsgruppe zurück. Wieder sind die Hebungen von Langvokalen bestimmt. Doch der Tonfall ist härter geworden, was davon herrührt, daß alle Wörter der Verse 8–10 einsilbig sind, daß die Verse nicht mehr gleitend ineinander übergehen, sondern sich zu isolieren beginnen: der Komplex gliedert sich in drei Teile (Vers 8/9 u. 10/11 u. 12). Auch metrische Verschiebungen erzeugen eine spürbare Unregelmäßigkeit. Vers 10 weist als einziger drei Hebungen auf und besitzt einen schwebenden Charakter; dem folgt der schroffe Kurzvers „Alle tage“, dessen Weiterführung durch das „In“ des Schlußverses auf-

Rhythmische Unregelmäßigkeiten

grund des Vokalzusammenstoßes behindert wird. Wir ‚vermissen' die harmonischen Übergänge des Anfangsteils. Aber der dritte Abschnitt des Gedichts spricht von den beängstigenden Wirkungen der Liebe auf das lyrische Ich, von der inneren Unruhe und der unerfüllten Sehnsucht, so daß wir mit einer Harmonie der Versformen hier nicht mehr rechnen können.

Kunstvoll symmetrischer Aufbau

Der kunstvolle symmetrische Aufbau des Gesamtgedichts spiegelt sich formal nicht nur in der Mittelachse, sondern in den Reimentsprechungen der Verse 1 und 12 (-weben/leben) und der Verse 2 und 11 (frage/tage). Auch die zweimalige Verwendung der Stilfigur der Anapher (Wiederholung der Anfangsworte) in den Versen 3/4 („Nur") und 8/9 („Nun"), die der Ausdrucksintensivierung dient, unterstreicht die Korrespondenz zwischen dem ersten und dritten Teil des Gedichts. Diese kompositorische Struktur bestimmt, neben der Musikalität, die großen ästhetischen Wirkungen, die von dem Text ausgehen.

Wortwahl und ‚hoher Stil'

Die inhaltlichen Aussagen charakterisieren sich durch eine zurückhaltende, metaphorische Sprechweise, in der jede direkte Gefühlsmitteilung vermieden wird. George verwirft aber nicht nur das geläufige Herz-Schmerz-Vokabular, sondern er sucht das ungewöhnliche, gewählte Wort überhaupt. So heißt das Wehen des Windes in unserm Gedicht „windesweben", wobei Konnotationen des geheimnisvollen Naturwirkens hineinspielen. Das Gefühl der Sehnsucht artikuliert der Dichter mit der seltsamen Wendung „in sehnen leben", die Versen der höfischen Minnelyrik entstammen könnte. Es entsteht auf diese Weise eine Stillage, von der Adorno schreibt, daß sie dem „Ideal des Edlen" verpflichtet sei und auf mittelalterliche Formen und Seelenhaltungen zurückgreife (Th. W. Adorno, Noten zur Literatur I. Frankfurt 1961, S. 99). Zugleich werden die Liebesempfindungen des lyrischen Ichs, die das Gedicht beherrschen, sprachlich zurückgenommen und in eine Distanz zum Ausdrucksbedürfnis des Sprechers gebracht. Unsere Beobachtung an Krolows „Liebesgedicht", daß das Erlebnis des Gedicht-Subjekts hinter dem ästhetischen Sprachbild verschwindet, gilt in gewissem Sinne auch für George.

Funktion des ‚hohen Stils'

Doch mit dem ‚hohen Stil' des Gedichts „Im windes-weben" verbindet sich noch eine weitere Absicht. Die Sprache, so deutet es Th. W. Adorno, ist durch die bloße Zweckhaftigkeit des Gebrauchs heruntergekommen und innerlich unwahr geworden; sie ist ihrem Vermögen, differenzierte Seelenschwingungen auszudrücken, entfremdet. George versucht diese Entfremdung dadurch aufzuheben, daß er die Diktion in seiner Lyrik „übersteigert zur Entfremdung einer eigentlich schon nicht mehr gesprochenen Sprache" (Noten zur Literatur I, a. a. O., S. 101). Dadurch zwingt uns das Gedicht, über die Sprache der Liebe neu nachzudenken. Wir können Georges Liebesgedicht nicht mehr „abtätscheln", wie es Adorno ironisch formuliert. Es setzt dem Leser Widerstände entgegen und führt ihn ins Unvertraute – weniger auf der Ebene des Verständnisses als auf der des Stils.

Kleinschreibung

Auch äußerlich bricht George mit der konventionellen Orthographie und Interpunktion. Er übernimmt die mittelalterliche, schon bei Jakob Grimm belebte Kleinschreibung und verzichtet auf geregelte Satzzeichen, die als Gliederungselemente der Syntax dienen. Sein Zeichengebrauch orientiert sich allein an den Aussageabsichten der Texte. So hebt George die lyrische Sprache ganz von der Gebrauchssprache ab und weist ihr einen gesonderten Rang zu. Überhaupt war seine Poesie zunächst für einen kleinen elitären Leserkreis und nicht für die Allgemeinheit konzipiert.

Befragen wir das Gedicht „Im windes-weben" auf seinen Erlebnis- oder Stimmungsgehalt, dann können wir recht vage auf eine zurückliegende, beglückende Liebesbegegnung schließen und auf die gegenwärtige Melancholie des Ichs, deren Fortdauer über die Gedichtgrenze hinausweist.

Faszination durch schöne Form

Doch was den Leser in den Bann schlägt, ist weniger das psychische Geschehen als die Schönheit des sprachlichen Gebildes. Reduktion der konkreten Inhalte und künstlerische Vollendung der Form – darin sehen wir die Hauptmerkmale des Textes.

Diese am Ästhetischen orientierte Haltung Georges geht unter anderem auf den Einfluß der französischen Symbolisten zurück (Rimbaud, Mallarmé, Baudelaire). Ihnen galt – überspitzt formuliert – die Dichtung als ‚poésie pure', als Kunst um der Kunst willen. Dies hat für die Liebeslyrik zur Folge, daß das Erlebnis vorwiegend zum Anlaß für die dichterische Gestaltung und die Hervorbringung formvollendeter Kunstwerke wird, welche der Wirklichkeit gegenüber den Vorrang besitzen. Ihre Überlegenheit beruht darauf, daß die ästhetische Faszination, die von ihnen ausgeht, folgenreiche „innere Verwandlungen hervorbringt" (G. Benn, Probleme der Lyrik. Wiesbaden 1961, S. 21).

Liebe als ästhetisches Phänomen

Die Liebe, die in diesen hochartifiziellen Texten zum Ausdruck kommt, trägt ebenfalls die Züge des schönen Stils. Das „lächeln" als Zuneigungsgeste des Du läßt sich dafür als Beispiel nennen. Nicht lebensvoll realistisch, sondern abstrakt, behutsam andeutend tritt uns die Beziehung der Liebenden entgegen. Nehmen wir noch Georges berühmtes Liebesgedicht „Du schlank und rein wie eine flamme" (RUB, S. 236) hinzu, dann finden wir den Grundcharakter des Außergewöhnlichen der Liebe bestätigt, in dem sich Momente des Feierlichen, fast Religiösen mit der Verehrung des Du und einer überirdischen Sehnsucht vereinen. Diese Sehnsucht kann sehr stark und auch sinnlich geprägt sein („Ich küsse dich mit jedem duft"), doch sie drängt nicht auf Besitz und Erfüllung.

Hofmannsthals „Die Beiden"

Das schwierige Problem der sprachlichen Vermittlung von Liebesempfindungen bildet ein durchgängiges Thema auch in den Dichtungen von *Hofmannsthal.* Das frühe Liebesgedicht „Die Beiden" (1896) konzentriert sich in Struktur und Motiv-Entfaltung auf drei miteinander verschlungene Momente:
das Fehlen der Sprache als Kommunikationsmittel –
das Ästhetische in Form und Gehalt des Textes –
das Mißlingen der Begegnung.

Die Beiden

Sie trug den Becher in der Hand
– Ihr Kinn und Mund glich seinem Rand –,
So leicht und sicher war ihr Gang,
Kein Tropfen aus dem Becher sprang.

So leicht und fest war seine Hand:
Er ritt auf einem jungen Pferde,
Und mit nachlässiger Gebärde
Erzwang er, daß es zitternd stand.

Jedoch, wenn er aus ihrer Hand
Den leichten Becher nehmen sollte,
So war es beiden allzu schwer:
Denn beide bebten sie so sehr,
Daß keine Hand die andre fand
Und dunkler Wein am Boden rollte.

Hugo von Hofmannsthal

Sprecherperspektive: ‚Objektivität'

Unsere bisher betrachteten Gedichtbeispiele erwiesen sich als fiktive Dialoge bzw. als Monologe, in denen sich ein lyrisches Subjekt über seine Empfindungen ausspricht. In diesem Sinne könnten wir die Gedichte ‚subjektiv' nennen. In „Die Beiden" gibt es ein solches lyrisches Ich nicht. Hier berichtet ein ‚Beobachter' aus distanzierter Perspektive von einem Geschehen. Seine ‚objektiven' Mitteilungen verzichten fast ganz auf die psychische Innensicht. Nur im Vers 11 („So war es beiden allzu schwer") erhalten wir einen Einblick in die Verfassung der Figuren.

Gestische Ausdrucksmittel

Der Dichter-Beobachter vermeidet in diesem Gedicht auch jede Rede der beteiligten Personen. Alle Gefühle, von denen der Text übervoll ist, werden in gestische Handlungen transponiert. Im Tragen des Bechers und im Zügeln des Pferdes, im Beben der Hände und im Verschütten des Weins drücken sich die Empfindungen der Liebenden unter dem Gegensatz von ‚leicht – schwer' unmittelbar aus. Es bedarf dazu keiner erklärenden Worte. Im Gegenteil: Die Sprache unterliegt der Gefahr, die Wahrheit der Gefühle zu verfehlen oder zu verfälschen. Für die Geste, die „aus tiefen Schichten des menschlichen Inneren kommt", gilt das nicht. Vielmehr tritt „in reinen Gebärden die wahre Persönlichkeit ans Licht" (H. v. Hofmannsthal, Über die Pantomime. Prosa III. Frankfurt 1964, S. 49). Die großen Liebesbegegnungen in Hofmannsthals Lustspielen kulminieren oft in der reinen, sprachlosen Gebärde. Darin liegt auch die Grundidee von „Die Beiden", dessen Sinn sich über die Deutung der Gebärdensprache erschließt.

Interpretation der Gebärden

Beherrscht wird das szenische Geschehen von Aktionen, die mit der *Hand* ausgeführt werden. Sie erscheint dreimal als Endreimwort und einmal im

Binnenreim (Vers 13). Die Hand ist das Organ der körperlichen Kontaktaufnahme, und man hat aus ihrer zentralen Rolle im Gedicht auf die große Bedeutung des Sinnlich-Erotischen geschlossen. Im Einzelverhalten der Figuren drücken die symbolischen Handlungen Sicherheit und gelassene Ruhe aus: in der 1. Strophe die Beherrschtheit des Mädchens, in der 2. Strophe die Überlegenheit des Reiters. Aber hier stimmt etwas nicht. Der rhythmische Gleichklang der Verse, die durchweg aus jambischen Vierhebern bestehen, gerät in Vers 7 „Und mit nachlässiger Gebärde" völlig aus dem Takt. Wir lesen die Zeile dreihebig und mit drei aufeinander folgenden Senkungen. Die metrische Analyse wird hier zum wichtigen Interpretationsmittel. Sie enthüllt formale Unstimmigkeiten, die Widersprüche in der Textaussage signalisieren. Was leicht aussehen soll („nachlässig"), ist in Wahrheit eine erzwungene äußere Beherrschung, die dem Zustand des Inneren nicht entspricht. Der Gedichtschluß demonstriert dann, daß die unwahre Gebärde sich selbst entlarvt.

Übermacht des Erotischen

In der Begegnung der Liebenden unter der Herrschaft des Eros verrät sich die innere Erregung im Beben der Hände. Das Gefühl erfaßt die beiden so übermächtig, daß ein Zueinanderfinden mißlingt. Der verschüttete Wein als ein Symbol des unerreichten Rausches gibt zu verstehen, daß ihnen das Glück der Liebe versagt bleibt. Aus dem Kontext von Hofmannsthals Werk wissen wir, daß zur Verwirklichung der Liebe Aufrichtigkeit und Vertrauen gehören. Die erotische Begeisterung allein genügt nicht, weil ihr das wahrhaft ‚Soziale' abgeht, wie der Dichter es selbst formuliert.

Fehlende sprachliche Kommunikation

Hier erweist sich nun die Sprachlosigkeit der Gedicht-Figuren als Ausdruck des zwischenmenschlichen Defizits. Die ungelösten Spannungen ihrer Zuneigung werden nicht zur Sprache und damit nicht zur Klarheit gebracht. Die Liebesbegegnung steht nämlich nicht nur im Zeichen der Leidenschaft. Der Vers 11 „So war es beiden allzu schwer" weist über den situationsbedingten Sinn hinaus auf die existentielle Erschütterung der Liebenden. Beide stehen an der Schwelle zur Ich-Aufgabe und schrecken zurück vor dem als bedrohlich empfundenen Verlust des gesicherten Selbstseins. Die Bereitschaft zur Hingabe, das zeigen die Hofmannsthalschen Dramen, muß im vertrauensvollen Dialog vorbereitet werden, während sich Bekenntnis und Zustimmung zum Du in der Geste vollziehen. Ohne diese Vorbedingung kann partnerschaftliche Liebe nicht gelingen.

Liebesbegegnung als ‚schönes Ereignis'

Der Auftritt der beiden Gedicht-Figuren und ihre Handlungen werden in ausdrucksstarken Bildern und Gebärden dargestellt. Es sind poetische Elemente, in denen sich Schönheit versammelt. Schon der Vergleich der Gesichtszüge des Mädchens mit den Konturen des Bechers („Ihr Kinn und Mund glich seinem Rand") erzeugt eine ästhetische Wirkung. Ihr anmutiger Gang, die eindrucksvolle Erscheinung des jungen Reiters, das sich bäumende Pferd, der am Boden rollende Wein – die Wirklichkeitsausschnitte, auf die wir das Gedicht beziehen, sind in kostbarer Gestalt eingefangen. Das Ästhetische des Textes offenbart sich nicht mehr nur in seiner formal gelungenen sprachlichen Realisierung, sondern in seinen inhaltlichen Elementen, die unter den Gesichtspunkten des Schönen ausgewählt sind. Dadurch vermischt sich unter der Hand das ‚Drama' der Liebesbegegnung mit dem geschmackvoll Stilisierten, und es büßt an vitaler Unmittelbarkeit ein.

Gefahr des lyrischen Ästhetizismus

Dem jungen Hofmannsthal gelangen lyrische Gebilde von ästhetischer Virtuosität mit einer so „erschreckenden" Leichtigkeit, daß er – als Absage an den Ästhetizismus überhaupt – im Alter von fünfundzwanzig Jahren der Lyrik entsagte. Darin bekundet sich der Zweifel an der Wahrhaftigkeit des Verhältnisses zwischen dieser Art von Poesie und dem Leben. Dennoch wollen wir daran erinnern, daß das Schöne in Stil und Gehalt – wie Adorno es für George geltend macht – als Widerstand gegen abgenutzte und triviale Denk- und Sprachformen sein Recht behauptet.

Kunst und Wirklichkeit bei Rilke

Wie bei George und Hofmannsthal stellt sich auch für *Rilkes* Dichtung die Frage nach dem Verhältnis zwischen Lebenswirklichkeit und Kunst als ein möglicher Zugang zum Verstehen seiner Liebeslyrik. Man kann nach Antworten darauf suchen, indem man – wie es bei Goethe meist geschieht – biographische Fakten aufspürt und reale Liebesbegegnungen in ihrer Bedeutung für bestimmte Gedichte analysiert. Wir wollen diesen Weg nicht einschlagen, weil er bei Rilke nicht weit führt. Die ‚private' Existenz des Autors ist mit seiner dichterischen so eng verwoben, daß seine aufs Reale bezogene Lebenshaltung, nach dem Urteil von Peter Wapnewski, wie eine zum Kunstwerk selbst stilisierte Daseinsform wirkt (Zumutungen, a. a. O., S. 80). Die Liebe als Lebensphänomen und die Liebe als Kunstereignis – das liegt bei Rilke – wie bei vielen anderen Dichtern – nicht weit auseinander. Dieser Verflechtung wollen wir anhand eines berühmten Textes, dem „Liebes-Lied" (1907), nachgehen.

Liebes-Lied

Wie soll ich meine Seele halten, daß
sie nicht an deine rührt? Wie soll ich sie
hinheben über dich zu andern Dingen?
Ach gerne möcht ich sie bei irgendwas
Verlorenem im Dunkel unterbringen
an einer fremden stillen Stelle, die
nicht weiterschwingt, wenn deine Tiefen
schwingen.
Doch alles, was uns anrührt, dich und mich,
nimmt uns zusammen wie ein Bogenstrich,
der aus zwei Saiten *eine* Stimme zieht.
Auf welches Instrument sind wir gespannt?
Und welcher Geiger hat uns in der Hand?
O süßes Lied.

Rainer Maria Rilke

Das Gedicht fügt sich aus zwei Teilen zusammen, die nicht strophisch gegliedert sind, weil ein einziger Gedankenfluß die beiden gegensätzlichen Hälften durchzieht. Im ersten Teil (Vers 1–7) spricht das lyrische Ich den Wunsch aus, sich vor seinen eigenen Gefühlen zu bewahren und seine Liebe zum Du zum Schweigen zu bringen („Wie soll ich meine Seele halten, daß sie nicht an deine rührt?"). Mit der Frage suggeriert das Ich die Vorstellung, daß man über seine Empfindungen wie über einen Gegenstand verfügen könnte, der sich vor dem anderen in Sicherheit bringen ließe. Aber die Weiterführung des Gedankens läßt sich nur in der Form des dringenden Wunsches artikulieren („Ach gerne möcht ich sie . . .").

Selbstbewahrung vor Gefühlen

Der Beginn des zweiten Teils, eingeleitet mit dem adversativen „*Doch* alles, was uns anrührt...“, faßt die Unerfüllbarkeit der Wunschvorstellungen des Liebenden in einem imaginativen Bild zusammen. Rilke greift dazu im 8. Vers das Verb ‚anrühren‘ aus der Zeile 2 wieder auf. Hatte es zu Beginn noch einen gegenständlich-räumlichen Sinn, der mit dem Sich-in-Sicherheit-Bringen korrespondiert, so liegt seine Bedeutung jetzt im rein Psychischen. Vor dem tiefinneren Berührtwerden durch die Liebe gibt es keine Flucht zu einer „fremden, stillen Stelle“. Der sehnliche Wunsch des lyrischen Subjekts, sich ihrem Einfluß zu entziehen, erweist sich als Illusion. Wie ein magisches Verhängnis bindet sie die Liebenden aneinander. Das größte Rätsel der Liebe besteht für das Ich aber in der unerklärlichen Übereinstimmung der Betroffenen.

Liebe als Verhängnis

Rilkes Gedicht gibt dafür mit Hilfe eines Bildvergleichs eine Deutung. Die beiden Saiten eines Streichinstruments können, indem sie mit derselben Frequenz schwingen, einen Gleichklang erzeugen. Ebenso ergeht es den gleichfühlenden Seelen. Der Dichter hat diese poetische Analogie durch die zweimalige Verwendung des Verbs ‚schwingen‘ in Vers 7 sorgsam vorbereitet; auch das zweifach benutzte ‚anrühren‘ fügt sich in den Bildkontext. Erst nachträglich in den Versen 9 und 10 wird das Motiv der Harmonie musikalischer Töne eingeführt und die ganze semantische Spannweite von ‚schwingen‘ und ‚anrühren‘ (die Geigensaite durch Berührung zum Schwingen bringen) zur Entfaltung gebracht. Wir erkennen jetzt die große integrative Wirkung des Musik-Vergleichs, der unmerklich im 2. Vers angebahnt wird, im 10. Vers seine konkrete Ausformulierung erfährt und im Schlußvers („O süßes Lied.“) ausklingt. Rilkes poetischer Erklärungsversuch der Liebe durch die Musik leuchtet unmittelbar ein. Beide ergreifen den Menschen mit überwältigender Macht; zu beiden gehört wesentlich die Harmonie; beider Ursprung liegt im Dunkeln.

Metapher der musikalischen Harmonie

Rilke stellt die Frage nach dem Wesen der Liebe mit Hilfe seines Bildes noch weiter ins Unerklärbare hinein. Wie das Instrument ohne den Spieler nicht zum Klingen kommt, so müssen auch die liebenden

Rätselhaftes Geheimnis der Liebe

Seelen von einem übermächtigen Wesen in Bewegung versetzt werden („Und welcher Geiger hat uns in der Hand?“). Eine Antwort kann es darauf nicht geben, aber durch die Vorstellung vom musizierenden Geiger werden wir in die Richtung gewiesen: der große Beweger gleicht einem Künstler, der die Liebe als vollkommene Harmonie versteht.

Gemeinsamkeit zwischen Liebe und Kunst

Über die inhaltlichen Aussagen des Sinnbildes hinaus vollzieht das Gedicht eine innige Verschmelzung der Bereiche. Mit dem Schlußvers „O süßes Lied“ und dem Titel („Liebes-Lied“) charakterisiert sich dieser Text als ein Kunstwerk aus Sprache und Musik – als Lied. Eine genauere Interpretation der Klangfülle, der Reimbindungen, der von Enjambements unterstützten, weitgespannten Versbögen, der rhythmisch akzentuierten Kontraste und der schwebenden Wirkung der Fragesätze ließe uns sogleich die unerhörte Musikalität des Gedichts erkennen. Sie wird aber auch bei betont sprechender Lektüre des Textes bewußt. Mit einem gewissen Recht können wir also die isoliert stehende letzte Zeile aus dem Text herausnehmen und auf das gesamte Gedicht beziehen.

Liebe als „Lied“

Im Sinnzusammenhang der Rede des lyrischen Ichs meint der Vers aber etwas anderes. „O süßes Lied“ bezieht sich auf die Liebe selbst, die als harmonisches Schwingen der Seelen, und das heißt: als *Lied*, verstanden wird. So wird das Lebensphänomen ‚Liebe‘ mit dem Kunstphänomen identifiziert und von der Dichtung – wie wir es als Merkmal der Lyrik der Jahrhundertwende bereits kennen – als ästhetisches Geschehen gedeutet.

Wenn wir die am „Liebes-Lied“ gewonnenen Einsichten in den Lebenszusammenhang des Dichters stellen, erschließt sich uns eine weitere Dimension. Peter Wapnewski schreibt, daß Rilke „nie ein wahrhaft Liebender gewesen“ sei, „der um des andern willen sich preiszugeben bereit gewesen wäre“ (Zumutungen, a. a. O., S. 80). Man versteht von hier aus den im Gedicht ausgesprochenen Wunsch des lyrischen Ichs, sich den andrängenden Gefühlen zu entziehen, als Reflex auf das persönliche Lebensbedürfnis des Autors. Wenn die Liebe trotzdem überwältigend in sein Leben einbricht – und davon kündet das Gedicht –, gibt es für den Künstler nur noch die rettende Ausflucht ins

Kunstwerk. In den Versen kann er seinen Gefühlen den Ausdruck verleihen, den er ihnen in der Lebenswirklichkeit nicht gestattet. Dadurch, daß er die Liebesbetroffenheit zum Kunstwerk („süßes Lied") umschafft, bewältigt er sie auf ästhetischem Boden.

Bewältigung realer Liebeserfahrung durch Kunst

In allen drei Liebesgedichten finden wir in unterschiedlichem Ausmaß und unter Verwendung jeweils anderer poetischer Mittel eine gemeinsame Tendenz. Die Wirkungen nämlich, die von ihnen ausgehen, beruhen nicht so sehr auf den Gefühlsinhalten, sondern auf der kunstvollen Stilisierung von Sprache und Bild, auf der formalen Schönheit. Die Liebesbeziehung selbst wird gestaltet als geheimnisvolle, überhöhte Bewegtheit der Seelen. Das Sinnliche, soweit es hineinspielt, erscheint in poetisch edler Verhüllung, niemals aber als direkt ausgesprochenes erotisches Verlangen. So haftet der Liebe in diesen Gedichten eine ähnlich idealisierte Lebensferne an wie ihrer lyrischen Sprache.

Ästhetisierung und Idealisierung

Die maßgebende Kategorie in der Lyrik der Jahrhundertwende ist: das Schöne. Daher stilisiert sie die Begegnung der Liebenden zum ästhetischen, körperlos-seelischen Geschehen, das der alltäglichen Wirklichkeit auch durch hochkünstlerische Sprach- und Kompositionselemente entrückt wird. Das lyrische Kunstwerk erhält so eine Eigenbedeutung, die über das in ihm gestaltete Liebes-Motiv hinausreicht.

Liebe und harmonische Partnerschaft im alltäglichen Dasein. ‚Poetischer Realismus' des 19. Jahrhunderts

Die Lyrik tritt in der 2. Hälfte des 19. Jahrhunderts (‚Poetischer Realismus') an Rang und Bedeutung – mit Ausnahme C. F. Meyers – hinter die epischen Gattungen zurück. Sie bedient sich einer überwiegend traditionellen Formensprache. Ihre Themen stehen in enger Beziehung zur Daseinswirklichkeit der Menschen, deren bürgerliche Wertordnung und Gefühlskultur die Literatur der Epoche prägen. Das gilt insbesondere auch für ihre Auffassung von der Liebe.

Poesie der unglücklichen Liebe

Die Liebe, wie sie uns in den bisher behandelten Gedichten begegnet, strahlt nicht sehr viel Beglückendes aus. Sie erscheint als schwieriges und zerbrechliches Phänomen, als unerfüllt oder unerfüllbar, als schnell vergänglich und voller Beunruhigung für das Ich. Die Zufriedenheit, die von geglückten Liebesbeziehungen ausgeht, wird in der Lyrik unseres Jahrhunderts nur selten thematisiert. Fast sollte man meinen, die glückliche Liebe besäße im Gegensatz zur schmerzlich mißlingenden keine poetische Anziehungskraft. So hat Goethe einmal ironisch bemerkt, daß dem „Dichtergenie" vor allem das „Element der Melancholie" behage. Und er hat mit dem „Werther" ein bleibendes, aber wenig behagliches Denkmal der unglücklichen Liebe geschaffen.

Poesie der beglückenden Liebe

Die positiven Gegenbeispiele – so hat es den Anschein – sind wohl überwiegend in der älteren Lyrik zu finden. Goethes „Mailied" (vgl. Kapitel 7), Klopstocks „Rosenband" (vgl. Kapitel 8), Walthers „Herzeliebes frouwelîn" (vgl. Kapitel 10) – um die Gedichte zu nennen, über die wir noch sprechen wollen – gehören ebenso dazu wie das nachfolgende von C. F. Meyer (1825–1898):

Zwei Segel

Zwei Segel erhellend
Die tiefblaue Bucht!
Zwei Segel sich schwellend
Zu ruhiger Flucht!

Wie eins in den Winden
Sich wölbt und bewegt,
Wird auch das Empfinden
Des andern erregt.

Begehrt eins zu hasten,
Das andre geht schnell,
Verlangt eins zu rasten,
Ruht auch sein Gesell.

(etwa 1895)

Conrad Ferdinand Meyer

Dieses überaus bekannte Gedicht gehört zu einem Zyklus von lyrischen Texten, den Meyer unter dem Titel „Liebe" zusammengestellt hat. Es stammt aus der zweiten Hälfte des 19. Jahrhunderts, einem Zeitraum, dessen Dichtung von der Literaturwissenschaft als ‚Poetischer' bzw. ‚Bürgerlicher Realismus' bezeichnet wird. Für unseren Zusammenhang ist der Text besonders deshalb aufschlußreich, weil er in seiner Gestaltungsweise und in seinen Aussagen vielfältige Beziehungen zu Rilkes „Liebes-Lied" (vgl. Kapitel 3) aufweist. Wir wollen diese Tatsache bei unserer Interpretation von „Zwei Segel" durch gelegentliche Vergleiche zwischen beiden Gedichten nutzbar machen.

Vergleich mit Rilkes „Liebes-Lied"

Rilke verwendet das Bild der beiden schwingenden Geigensaiten, um ein Wesensmerkmal der Liebe – die Harmonie – zu verdeutlichen und weiter zu ergründen. Wir nennen dieses Verfahren *symbolisch*, und es liegt als Gestaltungsprinzip auch dem Gedicht von C. F. Meyer zugrunde. Die beiden Segel in ihrer synchronen Bewegung auf dem See meinen mehr, als der Text uns wortwörtlich mitteilt. Daher müssen wir, wie bei allen sprachlichen Bildern in der Poesie, nach Nebenbedeutungen und assoziativen Zusatzbedeutungen (Konnotationen) fragen, um dem eigentlichen Sinn auf die Spur zu kommen. Wie in Rilkes „Liebes-Lied" wird auch in Meyers Gedicht das Bild zum durchgehenden Sinnträger

Anfänge des Symbolismus bei Meyer

aller Strophen ausgebaut, so daß der Erschließung der Symbole bei der Interpretation von „Zwei Segel" eine wichtige Bedeutung zukommen wird.

Bildanalyse von „Zwei Segel"

Die erste Hälfte des Gedichts (Vers 1–6) entfaltet das Bild zunächst nur auf der konkreten Bedeutungsebene. In den beiden Anfangszeilen stellt uns der Dichter mit reizvoll optischer Kontrastierung (hell – dunkel) die beiden Segelboote vor Augen, noch in statischem Zustand, wogegen sie sich in den Versen 3 und 4 gleichsam auf die Abfahrt vorbereiten. Der Farbkontrast des Bildes wird durch den Klanggegensatz der gehäuften Vokale -e- und -u- sprachlich hörbar reflektiert. Metrisch und syntaktisch weisen die beiden Versgruppen allerdings einen streng parallelen Bau auf, der mit dem Klangverlauf völlig übereinstimmt. Vorherrschender Eindruck im Geschehen ist die Ruhe.

Sonderstellung der Mittelstrophe

Der Mittelstrophe kommt eine Sonderstellung zu. Wieder gehören je zwei Verse als rhythmische und grammatische Einheit enger zusammen. Die beiden Segel werden nicht mehr wie in der 1. Strophe zusammen gesehen, sondern vereinzelt und jeweils einer Versgruppe zugewiesen. Trotz der formalen und inhaltlichen Aufgliederung in zwei Hälften besteht die ganze Strophe – im Gegensatz zu den beiden anderen – aus einem einzigen übergreifenden Komparativsatz. Sie ist also gleichzeitig zweigeteilt und syntaktisch geeint. Der Klangeindruck wird von fünf anlautenden -w- beherrscht, die, wenn man an bewußte Klangmalerei denkt, den Eindruck des Wehens imitieren. Die inhaltlichen Vorgänge der Strophe sind ganz von Bewegung beherrscht. Während sich diese Bewegung in der ersten Hälfte der Strophe nur auf die Fahrt der Boote bezieht, bringen wir die zweite Hälfte aufgrund der Formulierung „Empfinden . . . erregt" mit einem menschlich-psychischen Geschehen in Verbindung. Genau in der Mitte des Gedichts also, nach der 6. Zeile, setzt der Umschlag von der äußeren auf die symbolische Sinnebene ein.

Personifikation

In der Schlußstrophe wird nun die Personifikation, die sich in den Versen 7/8 andeutet, umfassend durchgeführt. Alle sechs Verben drücken innere (begehren, verlangen) oder äußere (hasten, gehen, rasten, ruhen) Handlungen aus, die wir Menschen zuerkennen. Vor allem die Schlußwendung „Gesell" unterstreicht „das menschliche Verhältnis zwischen den beiden dann so, daß der Leser in eine Reflexion über die Beziehung zweier Liebender entlassen wird". (E. Hermes, Abiturwissen Lyrik. Stuttgart 1986, S. 76). Das Bildgefüge der Segelfahrt ist in der letzten Strophe vollkommen transponiert in den Vorstellungsbereich von miteinander harmonierenden Menschen.

Syntaktische Gliederung

Syntaktisch gliedert sich auch die 3. Strophe in zwei parallel gebaute Teile: zwei verkürzte Temporalsätze mit bedingendem Sinn, denen wir ein einleitendes „Wenn" hinzudenken müssen. Aber anders als in den vorangehenden Strophen bildet hier jeder der vier Verse eine relativ geschlossene Einheit, so daß vier klar gegeneinander abgegrenzte rhythmische Teile vorliegen, auch wenn wir syntaktisch nur mit zwei Komplexen rechnen.

Metrische Besonderheiten

Eine Ausnahme stellt, wie so oft, die letzte Zeile dar, mit der das Gedicht ausschwingt. Die rhythmische Struktur bietet dem Dichter Gelegenheit, bestimmten Versen eine besondere Akzentuierung zu verleihen; das gilt häufig für den Schlußvers. Die Verse 1–11 unseres Gedichts sind als Zweiheber mit Auftakt zu lesen, wobei jeder betonten Silbe zwei unbetonte folgen:

x x́ x x x́ x
x x́ x x x́

Wir können den Rhythmus gleichmäßig beschwingt nennen. Der letzte Vers verlangt eine zusätzliche Anfangsbetonung auf „Ruht":

x́ x́ x x x́

Die einander folgenden Tonlängen („Ruht auch ...") verlangsamen das Verstempo und bringen das Gedicht zu einem beruhigenden Schlußpunkt, in den der Leser gedanklich einstimmt.

Wechsel von Ruhe und Bewegung

Der Wechsel von Ruhe (1. Strophe) und Bewegung (2. Strophe) ist ein bestimmendes Moment in der inhaltlichen Strukturierung des Gedichts. Die 3. Strophe nimmt beide Tendenzen zusammen, führt sie aber am Schluß in die Ruhe zurück. Dieser Ablauf spiegelt sich auch in der kompositorischen Geschlossenheit des Gebildes. Das Adjektiv „ruhig" (Vers 4) korrespondiert mit dem Verb „ruht" (Vers 12), wogegen im Mittelteil das „erregt" (Vers 8) die dynamische Höhe des Spannungsbogens markiert. Die formale Rundung wird unmerklich dadurch unterstützt, daß die 3. Strophe das Klangelement -ell- aus dem Endreim der 1. Strophe wieder aufgreift. Die Dialektik von Ruhe und Bewegung, von Einheit trotz Zweiheit, von Gegenläufigkeit und Parallelität – alle diese Strukturprinzipien des Gedichts enthalten bereits Hinweise auf sein Thema: die Liebespartnerschaft.

Sorgfältige Formgebung

Die Formbetrachtung hat darauf aufmerksam gemacht, daß das Gedicht mit großer künstlerischer Bewußtheit gestaltet ist. Die Kürze und Dichte der sprachlichen Formulierung, die Schlüssigkeit der Symbole, die ausgewogene Klangstruktur, die syntaktische Vielfalt beruhen auf sorgfältiger Überlegung. C. F. Meyer hat an dem kleinen Gedicht unendlich gefeilt. Zwischen den ersten Entwürfen (1870) und der gelungenen Endfassung (1882) liegen zwölf Jahre. Wir ersehen daraus, daß „Zwei Segel" keine spontane poetische Gestaltung eines konkreten Liebeserlebnisses sein kann, daß es sich gar nicht auf ein Erlebnis bezieht. Vielmehr teilt das Gedicht etwas vom Wesen der Liebe überhaupt mit.

Harmonie

Der vorherrschende Gedanke, den schon die formale Textgestalt ausstrahlt, ist: Harmonie. Entsprechend liegt der inhaltliche Aussagesinn in der Vorstellung, daß Glückserfüllung auf dem harmonischen Miteinander der Liebenden beruht. Das klar durchschaubare Bildgefüge läßt keine andere Deutung zu. Mit dieser Feststellung erfüllt sich das Gedicht. Es eröffnet – im Gegensatz zu Rilkes „Liebes-Lied" – keine rätselvollen Fragehorizonte. Es grübelt nicht dem Geheimnis der Harmonie nach. Der Wind als Beweger der Segelboote legt es eigentlich nahe, die Symbolik nach der transzendenten Seite hin auszuweiten und zu fragen, welche Macht die Übereinstimmung der liebenden Seelen herbeiführen könnte – ist doch die Gewalt des Windes dem Vermögen von Rilkes Geiger vergleichbar, der die Seelen zum Schwingen bringt. Für Meyers Gedicht stellt sich diese Frage nicht. Die Verben der Schlußstrophe („begehren, verlangen") ordnen die Gefühle des Menschen ganz seinem Willen unter. Ihre göttliche oder mystische Herkunft, die in der Lyrik Rilkes und Georges geheimnisvoll anklingt, wird bei Meyer nicht thematisiert. Die Liebe ist ganz immanent, eine Angelegenheit des Menschen in dieser Welt.

‚Realistische' Tendenzen

Der Dichter von „Zwei Segel" erweist sich durchaus als Realist. Wir können das schon der Herkunft und den Eigenschaften der verwendeten Bildsymbole entnehmen. Rilkes Symbol kommt aus der Welt der musikalischen Harmonie, die in sich voller Rätsel ist. Wodurch sie in der menschlichen Seele – wie die Liebe – höchstes Entzücken und tiefe Bestürzung auslöst, bleibt ein beängstigendes Geheimnis.

Liebe in der alltäglichen Wirklichkeit

Meyers Bild aus der Segelfahrt gehört in den Bereich der alltäglichen Wahrnehmungen, die sich aus leicht verständlichen Naturvorgängen erklären. Entsprechend läßt sich auch die Liebesauffassung des Gedichts deuten: Im Idealfall handelt es sich um ein natürliches, harmonisches Glück – durchschaubar und ohne seelische Abgründe. Seinen Ausdruck findet es im partnerschaftlichen Zusammenleben, wie es realistischerweise vom täglichen Dasein gewährt werden kann. Damit hat sich der Liebesbegriff den unabänderlichen Bedingungen unterworfen, die – um im poetischen Bildvergleich zu bleiben – den Verlauf der Segelfahrt bestimmen. Wenn wir von der Liebeslyrik der Jahrhundertwende sagen, daß sie die Liebe ästhetisiert und idealistisch überhöht, so gilt von der Dichtung des ‚Poetischen Realismus', daß ihr Liebesbegriff sich vor allem an den irdischen Gegebenheiten und Bedürfnissen der Wirklichkeit orientiert und nicht als verstörend-aufwühlendes Seelengeschehen gestaltet wird.

Detlev v. Liliencron

Deutlicher noch als in C. F. Meyers „Zwei Segel" tritt dieser Grundzug in Gedichten anderer Autoren zutage, etwa in dem folgenden Beispiel von Detlev von Liliencron (1844–1909):

Glückes genug

Wenn sanft du mir im Arme schliefst,
Ich deinen Atem hören konnte,
Im Traum du meinen Namen riefst,
Um deinen Mund ein Lächeln sonnte –
Glückes genug.

Und wenn nach heißem, ernstem Tag
Du mir verscheuchtest schwere Sorgen,
Wenn ich an deinem Herzen lag
Und nicht mehr dachte an ein Morgen –
Glückes genug.

Detlev von Liliencron

Vertraute Geborgenheit

Die idyllische Ruhe in den beiden Parallelszenen des Gedichts spiegelt die innere Verfassung seiner Figuren als beglückende Harmonie. Sie kommt dadurch zustande, daß das lyrische Ich der Geliebten das Gefühl vertrauter Geborgenheit vermittelt (Strophe 1), während sie ihrerseits dem Geliebten als tröstende Helferin die schweren Sorgen der Alltäglichkeit nimmt (Strophe 2). Daß das konkrete Zusammensein der Liebenden, aber noch viel mehr ihre Liebesgewißheit, den Blick vom künftig Drohenden abwendet auf das gegenwärtige Glück hin, gehört zum festen Vorstellungsschema. Auch Storms (1817–1888) Gedicht „Trost“ spricht von diesen beruhigenden Wirkungen der Liebe:

Ich seh dein liebes Angesicht,
Ich sehe die Schatten der Zukunft nicht. (RUB, S. 220)

Glück der Bescheidenheit

In solchen Zusammenhängen gewinnt die Liebe eine überaus praktische, geradezu pragmatische Bedeutung. Sie reiht sich ein in die Phänomene, die der realen Lebensbewältigung dienen und überdies den Alltag verschönen. Liliencrons Bescheidungsformel „Glückes genug“ drückt etwas aus, das die Liebesauffassung dieser Dichtungen weithin charakterisiert: Zufriedenheit des Menschen mit dem erreichbaren Glück.

Mit dem Liebesbegriff ist auch der Gefühlsgehalt der Gedichte weit entfernt von existentieller Erschütterung, religiös-romantischer Schwärmerei, von ästhetischer Verfeinerung der Empfindungen oder leidenschaftlicher Erotik. Es herrscht eine natürliche Vernünftigkeit. Das Exzentrische wird grundsätzlich gemieden. Vielmehr streben die Dichter danach, daß „Spannungen gedämpft und geschlichtet" werden und daß die Gefühle durch „Harmonisierung in einer fest gerundeten Form" zur Sprache gelangen (F. Martini, Deutsche Literatur im bürgerlichen Realismus. 1848–1898. Stuttgart 1974, S. 253). Die dergestalt in der Lyrik geschilderten Liebesbeziehungen müssen sich daran messen lassen, ob sie auch vor der Wirklichkeit Bestand haben.

Harmonisierung emotionaler Spannungen

Das kann nicht heißen, daß es für die Dichter dieser Epoche keine Spannungen, Erschütterungen oder Träume gegeben hätte. Im Gegenteil – C. F. Meyers Leben war voll davon. Aber die realistische Dichtung stellt sich die Aufgabe, mit Hilfe der formenden Kräfte der Kunst die überströmenden Gefühle in eine maßvolle Ordnung zu bringen. So darf die beglückende Harmonie im Gedicht „Zwei Segel" gerade nicht als Spiegelbild der Meyerschen Lebenswirklichkeit verstanden werden. Sie ist bestenfalls Ausdruck einer Wunschvorstellung, so wie ihm – mit Martinis Worten – „eine schützende Bürgeratmosphäre" und ein sicherer Ort innerhalb der Gesellschaft stets ein Bedürfnis waren. Sei es aus Gründen der Sehnsucht nach gesellschaftlicher Integration, sei es als Zustimmung zu den bürgerlichen Werthaltungen, der Liebesbegriff in der Lyrik des ‚Realismus' ist dadurch charakterisiert, daß er sich in die Ordnungsvorstellungen des Bürgertums im 19. Jahrhundert einfügt. Das läßt sich literarisch am ehesten dadurch verwirklichen, daß die Liebe als Phänomen der Ehe gestaltet wird.

Liebe im bürgerlichen Denken

Liebeslyrik als ‚Ehegedicht'

Meyers „Zwei Segel" darf ebenso wie die Textbeispiele von Liliencron und Storm als Ehe-Gedicht verstanden werden. Das Sinnbild der Segelfahrt erhält dann eine zusätzliche Bedeutung. In der gemeinsamen Bewegung der Boote auf dem Wasser drückt sich der Vorgang der Annäherung und des Werbens um den Partner aus. Das Zueinander-Finden erfüllt sich in der ruhigen ehelichen Bindung. Emil Staiger, der das Gedicht in diesem Sinne versteht, meint in seiner Stimmung eine gewisse Starrheit zu spüren, die er als „ennui" (Langeweile) bezeichnet. (Die Kunst der Interpretation. Zürich 1961, S. 255.) Tatsächlich fehlt dem Gedicht der emotionale Schwung der Liebe; und von der Idee der vollkommenen, harmonischen Übereinstimmung zweier Menschen in der Partnerschaft geht, trotz aller Beglückung, etwas Beengendes aus;

zumal im Sinnbild der synchronen Bewegung der Segel insgeheim der naturgesetzliche Zwang (Wind) durchscheint. Allerdings hat Meyer dieser mechanistischen Einseitigkeit durch die Verbwahl („begehren, verlangen, streben, finden") entgegengewirkt und die Liebe zu einem Akt der freien Entscheidung durch die Partner erklärt. Die symbolische Wahrheit des Gedichts lautet aber, daß die Liebe im ‚realistischen' Verständnis sich sowohl unter natürlichen und sozialen Zwängen wie in Freiheit verwirklicht, wenn sie als eheliche Liebe erscheint.

Die Liebesgedichte des ‚Poetischen Realismus' streben nach dem Ausgleich emotionaler Spannungen schon in der Formgebung durch das gerundete, abgeschlossene Gebilde. Ebenso erscheint das Motiv der Liebe als ruhige, harmonische Partnerschaft, eingeordnet in die Zusammenhänge des alltäglichen Lebens, oft als beglückende eheliche Beziehung. Das Geheimnisvoll-Abgründige der Liebe und die aufwühlende Leidenschaftlichkeit werden zurückgedrängt.

Liebe als Leiderfahrung. Zu den Gedichten Heinrich Heines

Heines Liebeslyrik wurzelt in der Romantik; sie führt diese zur künstlerischen Vollendung und an ihr Ende. Es lassen sich in seinen Gedichten sowohl romantische Motive und Formelemente nachweisen als auch Tendenzen zur Abkehr von der Romantik, die auf ein ‚realistisches' Dichtungsverständnis hinweisen.

Dichter des Liebesleids

Während in der realistischen Dichtung der zweiten Hälfte des 19. Jahrhunderts eine Liebesauffassung vorherrscht, die von der Mäßigung leidenschaftlich überquellender Gefühle und der Einordnung der Liebe in den lebenspraktischen Zusammenhang geleitet wird, finden wir bei Heinrich Heine (1797–1856) in der ersten Jahrhunderthälfte die genau entgegengesetzte Haltung. Kein deutscher Dichter hat mit so anhaltender Gefühlsheftigkeit die unglückliche Liebe und den Liebesschmerz besungen wie er. Und kaum ein anderer hat so unter dem Gefühl der seelischen und sozialen Ungeborgenheit gelitten. Fast programmatisch schreibt er als Fünfundzwanzigjähriger:

> Aus meinen großen Schmerzen
> Mach ich die kleinen Lieder.

Biographischer Hintergrund

Vor allem in seinen Liebesliedern bekundet sich ein existentielles Lebensproblem, das auf eine unglückliche Jugendliebe des Dichters zurückführt. Ludwig Marcuse deutet es jedenfalls in diesem Sinne: „[. . .] daß er dies Lieben nicht vergessen konnte; daß er in ungewöhnlicher Weise dieser alle Grenzen überschwemmenden Gefühl-Flut ausgesetzt war; daß sie vielmehr aller möglichen Abwehren bedurfte, um nicht diese individuelle Existenz zu ertränken." (L. Marcuse, Heinrich Heine. In Selbstzeugnissen und Bilddokumenten. Reinbek 1960, S. 25.)
Die persönlichen Erlebnisse stellen gewiß eine wirkungsmächtige Komponente im Werk des Dichters

dar. Jedoch müssen wir berücksichtigen, daß die Dichtung in hohem Maße auch von poetischen Konventionen lebt, von überlieferten Sprach-, Gefühls- und Denkmustern, die dem eigenen Stil anverwandelt oder parodistisch verfremdet werden. Wir haben am Beispiel von Georges „Im windesweben" (vgl. Kapitel 3) darauf aufmerksam gemacht, wie mittelalterliche Ausdruckshaltungen dem Dichter dazu dienen, seiner eigenen Liebesauffassung Gestalt zu verleihen. Auch für Heines Lyrik gilt, daß viele Formelemente und thematische Motive der Tradition entstammen und nicht originäre Erfindung oder Erlebnisausdruck sind. Aus den deutschen Volksliedern, von der Lyrik Petrarcas, Lord Byrons und der Romantik – insbesondere von Clemens Brentano (vgl. Kapitel 6) – hat Heine vor allem geschöpft. So etwa greift er für seine beiden schönsten und berühmtesten Liebesgedichte auf ein Volkslied („Es waren zwei Königskinder") bzw. auf ein Brentano-Gedicht („Ich weiß nicht, was soll es bedeuten") als Quellen zurück. Das Motiv der hoffnungslosen Liebe findet sich voll ausgebildet bei Petrarca (1307–1374). Dessen Lyrik war über Jahrzehnte bestimmt von der unerwiderten Neigung zur schönen Provençalin Laura, die – als Nichterreichbare zum Idol erhoben – in klagendem Sehnsuchtsschmerz besungen wird. Die gesamte europäische Liebeslyrik war davon beeinflußt. Heines Gedicht „An eine Unbekannte" spielt ausdrücklich auf Petrarca und Laura an. Von Lord Byron (1788–1824), dem großen englischen ‚Weltschmerz'-Dichter, von dessen Werken Heine vieles übersetzt hat, sagte er: „Byron war der einzige Mensch, dem ich mich verwandt fühlte."

Einflüsse literarischer Vorbilder

Brentano

Petrarca

Lord Byron

Über Brentano gelangt Heine zum volkstümlichen Liedgedicht, das er dann selbst zur höchsten künstlerischen Entfaltung bringt. Diese wenigen Hinweise mögen zeigen, daß die Kenntnis der literarischen Einflüsse für das rechte Verständnis vieler Heinescher Texte unerläßlich ist.

Das 1833 entstandene Gedicht „In der Fremde" (es gibt noch ein weiteres Heine-Gedicht mit diesem Titel!) soll uns als Textbeispiel für einen bestimmten Typus seiner Liebesgedichte dienen.

In der Fremde

Mir träumte von einem schönen Kind,
Sie trug das Haar in Flechten;
Wir saßen unter der grünen Lind
In blauen Sommernächten.

Wir hatten uns lieb und küßten uns gern,
Und kosten * von Freuden und Leiden.
Es seufzten am Himmel die gelben Stern,
Sie schienen uns zu beneiden.

Ich bin erwacht und schau mich um,
Ich steh allein im Dunkeln.
Am Himmel droben, gleichgültig und stumm,
Seh ich die Sterne funkeln.

(* plaudern, schwatzen)

Heinrich Heine

Volksliedhafte Schlichtheit

Zunächst fällt uns vor allem der schlichte, volkstümliche Ton auf. Obwohl Heine ein hochvirtuoser Sprachkünstler war, zeichnen sich viele seiner Gedichte im Rhythmisch-Liedhaften wie in der Wort- und Bildwahl durch eine einfache Natürlichkeit aus. Hier bedient er sich der englischen Chevy-Chase-Strophe, die abwechselnd vier- und dreihebige Zeilen mit dem Reimschema abab besitzt. Sie ähnelt der deutschen Volksliedstrophe. Volksliedhaft sind auch die Versatzstücke der Szenerie (schönes Kind – grüne Lind – blaue Sommernächte – am Himmel die Sterne) und die schlichte Gefühlsaussprache. „Wir hatten uns lieb und küßten uns gern" – unaufwendiger kann man es nicht formulieren.

Liebesglück als Traum

Durch die Darstellung der Liebesidylle als Traumgeschehen und ihre Kontrastierung mit dem schmerzlichen Erwachen sowie die irritierenden Zeilen 7 und 8 spürt der Leser aber sogleich, daß die Situation nicht so harmlos ist, wie der Tonfall es erwarten läßt.

Die beiden ersten Strophen sind geprägt von der ungetrübten Freude glücklich Verliebter. Jedoch: Die Strophen stehen im Imperfekt und berichten von der Erinnerung des lyrischen Subjekts an einen Traum („Mir träumte"), von der Vergangenheit also, und zwar nicht von einer wirklich erlebten, sondern einer bloß geträumten Vergangenheit. Diese Konstellation der Traumerinnerung des Ichs tritt in vielen

Kontrastierung von Traum und Wirklichkeit

Heine-Gedichten, aber auch häufig in der romantischen Lyrik auf. Der damit vertraute Leser weiß schon zu Beginn des Gedichts, daß dem Traum das Erwachen gegenübergestellt und das geträumte Glück sich verflüchtigen wird. Dies geschieht in der 3. Strophe. Der Umschlag ins Präsens signalisiert, daß das lyrische Subjekt in die Realitätsebene zurückgekehrt ist, die eine ganz andere Beschaffenheit aufweist als die Traumwirklichkeit.

Farb- und Klangeffekte unterstreichen die Kontraste zwischen den Bereichen. In den ersten beiden Strophen beleben optische Eindrücke (grün/blau/gelb) und akustische Vorgänge (kosen/seufzen) die Gedichtwelt. Die Endreime sind durch helle Vokale (e/i/ei) bestimmt. Die Schlußstrophe setzt jener freundlichen Stimmung die düstere Atmosphäre des Farb- und Lautlosen sowie die vierfache Verwendung des dunklen -u- in den Reimwörtern entgegen.

Rhythmus-Analyse

Auch rhythmische Gegensätze sind unüberhörbar. In der 2. Strophe bestehen die Verse meist aus Daktylen, was beim betonten Lesen einen eher tänzerischen Eindruck vermittelt:

x x́ x x x́ x x́ x x x́
x x́ x x x́ x x x́ x
x x́ x x x́ x x x́ x x́
x x́ x x x́ x x́ x

Die 3. Strophe weist hingegen ein gleichmäßig alternierendes Metrum auf:

x x́ x x́ x x́ x x́
x x́ x x́ x x́ x
x x́ x x́ x x́ x x x x́
x x́ x x́ x x́ x

Statt des rhythmischen Schwebens wirken die Takte hier schroffer, gleichsam abgehackt. Vor allem im vorletzten Vers wird durch den syntaktisch unverbundenen Einschub „gleichgültig und stumm“ die Zeile in zwei hart aufeinanderstoßende Hälften zerlegt. Nach „droben“ wird eine Pause erforderlich, die den disharmonischen Verlauf hörbar macht. Verstärkt wird er dadurch, daß wir „gleichgültig und“ mit drei Senkungen lesen müssen. Die Klanggestalt der Strophe spiegelt so die Dissonanzen wider, die

im lyrischen Ich angesichts der desillusionierenden Wirklichkeit aufbrechen.
Im Bezug des Subjekts zu seiner Welt treten gleichfalls deutliche Gegensätze zutage. Die Sterne am Himmel, denen das Ich sich zweimal zuwendet, werden in der 2. Strophe personifiziert und durch ihre Anteilnahme in die überschwengliche Stimmung der Liebenden einbezogen. Die Schlußstrophe setzt dieser harmonischen Welterfahrung das „gleichgültig“ und „stumm“ kontrapunktisch entgegen und kennzeichnet die gestörte Beziehung zwischen Ich und Welt. Der heitere Ton der ersten beiden Strophen, das unbeschwerte Liebesglück, die Harmonie zwischen Mensch, Natur und Kosmos – das alles löst sich am Ende in nichts auf. Es gibt diese Liebe, von der die Zeilen 5 und 6 sprechen, nur im Traum. In der unbarmherzigen Wirklichkeit steht das Ich dann allein. Der Widerspruch zwischen dem geträumten Glück und der bitteren Realität bleibt innerhalb des Gedichts unversöhnt. Bleibende Liebe ist unerreichbar, die Einsamkeit durch nichts aufzuheben, und auch die ewige Heimat („der Himmel droben“), die in der Vorstellungswelt der romantischen Dichtung noch wirksam war (vgl. Kapitel 6), scheint gänzlich dahin.

Ich und Welt

Einsamkeit des lyrischen Ichs

Heines Verhältnis zur Romantik

Heines Liebeslyrik ist durch die Übernahme von Motiven und Stimmungen, die vor allem auf das Grunderlebnis der unerfüllten Sehnsucht zurückgehen, mit der Romantik eng verbunden und von ihr aus zu verstehen. Viele seiner Gedichte bezeugen ein wirkliches Nachfühlen der schwermütigen Traurigkeit romantischer Liebesklage. In anderen hingegen scheint er auf artistische Weise mit diesen Gefühlen nur zu spielen, ihnen absichtlich sentimentale Tendenzen zu verleihen, sich über sie lustig zu machen. So ist sein Verhältnis zum romantischen Liebesgedicht, trotz aller Abhängigkeit, sehr zwiespältig: Er führt es einerseits weiter bis zur künstlerischen Vollendung und wendet sich andererseits von ihm ab, weil die innere Übereinstimmung mit dem Lebensgefühl der Romantiker zunehmend verlorengeht. Diesen trägt die Gewißheit, daß er mit seiner Sehnsucht nach vollkommener Liebe in einem umfassenden transzendenten Zusammenhang aufgehoben ist, der die eigentliche Liebeserfüllung in der Ewigkeit gewährt. Das untröstliche Leiden des lyrischen Subjekts an der Liebe in Heines Lyrik erklärt sich unter anderem daraus, daß es solche romantische Zuversicht nicht mehr besitzt.

Der Autor verwendet nun in zahlreichen Gedichten ein grundlegendes stilistisches Mittel, das sich sowohl gegen romantische Tendenzen in seinem Werk richtet als auch dazu dient, die Leiderfahrung der Liebe durch die Kunst zu bewältigen. Er versucht nämlich, das Leiden des lyrischen Ichs an der Liebe durch Ironie oder Spott zu entschärfen. Die Ironie ist eine Form des Unernstes, bei der die Aussagen nicht wirklich meinen, was sie aussprechen. Das läßt sich auch an dem Gedicht „In der Fremde" verdeutlichen. Die Verse 7 und 8 sind in dem Sinne ironisch, als sie den Sternen Empfindungen unterstellen („seufzen, beneiden"), die diese natürlich nicht haben und an die das Ich auch nicht ernsthaft glaubt. Vielmehr wird durch eine Übertreibung auf humoristische Weise das Gegenteil ausgedrückt.

Ironie in der Liebeslyrik

Das mißfiel bereits einem Mitglied der württembergischen Zensurbehörde. Im Jahre 1836 warf deren Zensor Heine vor, daß er „Subjecte und Gegenstände, die für heilig gehalten werden [...] der Verachtung oder Lächerlichkeit" aussetze und es an der „der Gottheit schuldigen Ehrfurcht" fehlen lasse. (H. Heine, Sämtliche Werke. Düsseldorfer Ausgabe, Bd. 2. Hamburg 1983, S. 406.) Der Kritiker nimmt in diesem Zusammenhang ausdrücklich Anstoß an den „seufzenden Sternen". Er verkennt also die Ironie der Aussage und legt sie unsinnigerweise als Verunglimpfung der himmlischen Mächte aus.

Ironie als Übertreibung

Die irritierende Wirkung der Verse beruht auf der Übertreibung im Sinne von: Was muß das für eine außerordentliche Liebe sein, die sogar die Sterne neidisch macht! Dadurch aber gerät diese in reizenden Farben geschilderte Liebe in den Verdacht der Zweideutigkeit. Das vermeintliche Traumglück, das die Strophe 2 darstellt, wird bereits ironisch gebrochen, so daß beim Leser Zweifel entstehen, ob das lyrische Ich sich nicht über sich selbst und seine Liebe lustig macht.

Ironische Wirkungsabsichten lassen sich nicht einfach erkennen. Leichter durchschaut man die ironische Sprechweise unseres Textbeispiels, wenn man es mit einem Gedicht vergleicht, in dem die Einbeziehung des Sternenhimmels in das Schicksal des Liebenden unironisch-gläubig erfolgt. Wir denken etwa an Mörikes Sonett „An die Geliebte“, dessen Schlußstrophe lautet:

Vergleich mit Mörike

Betäubt kehr ich den Blick nach oben hin,
Zum Himmel auf – da lächeln alle Sterne;
Ich kniee, ihren Lichtgesang zu lauschen.
(RUB, S. 211)

Das liebende Ich hatte sich die ängstliche Frage gestellt, ob seine Liebe nicht nur ein trügerischer Traum sei. Der Kosmos, dem die Gedicht-Figur Mörikes sich innig verbunden weiß, gibt ihr mit dem Bild der „lächelnden Sterne“ darauf Antwort. Welch ein Unterschied in der Gefühlshaltung zu Heines Gedicht! Dessen lyrisches Ich, das an die himmlische Einbindung seiner Liebe nicht mehr zu glauben vermag, flüchtet sich in die Ironie. Die Kraft dieser dichterischen Ironie reicht bei „In der Fremde“ allerdings noch nicht aus, um die trostlose Stimmung der Schlußstrophe zu überwinden. Die Verlassenheit des Ichs äußert sich nicht – wie so oft bei Heine – im Tränenstrom, sondern viel erschütternder im gleichgültigen Verstummen. Weder heroische noch ironische Gesten stehen dem lyrischen Subjekt am Ende hilfreich zur Verfügung. Daneben gelingt es dem Dichter aber doch hin und wieder, das Tragische mit Hilfe von Ironie zu besiegen. Die folgenden Zeilen geben ein Beispiel für die selbstironische Destruktion der Empfindlichkeit:

Ironie als Selbstschutz

Teurer Freund

Teurer Freund! Was soll es nützen,
Stets das alte Lied zu leiern?
Willst du ewig brütend sitzen
Auf den alten Liebes-Eiern?

Ach! Das ist ein ewig Gattern,
Aus den Schalen kriechen Küchlein,
Und sie piepsen und sie flattern,
Und du sperrst sie in ein Büchlein.

Heinrich Heine

Auch das Liebesgedicht „Mir träumte wieder der alte Traum“ (Heines Werke, Bd. 1. A. a. O., S. 46) wäre in diesem Zusammenhang zu nennen. Natürlich klingt in den ironisch spottenden Versen ein bitterer Unterton mit, der von den Verletzungen der Seele durch die Liebe herrührt. Dennoch stellt sich

Distanz zum Gefühl

durch die Ironie eine innere Distanz zu den Gefühlen ein, die zu einer gewissen Überlegenheit des Ichs führen kann. Ineins damit vollzieht sich eine Desillusionierung in Heines Liebesgedichten, insofern sie nicht nur in Trauer, sondern im Gelächter enden können (wie das Gedicht „Mir träumte wieder der alte Traum“). Heines Lyrik gewinnt dadurch einen eigenen, ‚antiromantischen‘ Zug, der die Lyrik des 19. Jahrhunderts und der Moderne mitgeprägt hat.

Die große Fülle seiner Liebesgedichte ist allerdings – wie „In der Fremde“ – über vierzig Jahre lang von melancholischer Trauer durchsetzt. Das hängt einerseits damit zusammen, daß diese Stimmungslage vom Dichter als stereotyp wiederholtes Grundmuster benutzt wurde. Auf der anderen Seite verknüpft

Liebesverlust und verlorene Heimat

sich bei Heine das Leiden an der Liebe aufs engste mit dem Motiv der verlorenen Heimat und verleiht ihm so eine zusätzliche Schwere. Auch das Gedicht „In der Fremde“ spricht ja nicht nur von der Liebe, sondern sowohl durch seinen Titel als auch durch die Formulierung „Ich steh allein im Dunkeln“ von der Verlassenheit des Subjekts, die nicht nur als seelische Einsamkeit verstanden werden darf. Adorno geht sogar so weit, daß er Heines Thema der verlorenen Liebe zum „Gleichnis für die Heimatlosigkeit“ erklärt (Th. W. Adorno, Die Wunde Heine. Noten zur Literatur I. Frankfurt 1958, S. 151). Diese Gleichsetzung scheint etwas überspitzt, aber sie hat einen realen Hintergrund. Heine, der 1831 enttäuscht Deutschland verließ und für immer in Paris blieb, hat unter diesem ‚Verlust‘ sehr gelitten. In Versen wie „Ich hatte einst ein schönes Vaterland [...] Es war ein Traum“ (Conrady, S. 474) werden Heimatsehnsucht und unerfüllte Liebe nahezu identisch.

Verlust der Geborgenheit

Beides führt aber zurück auf ein Grundgefühl der Geborgenheit – sei es die der sozialen im Vaterland, sei es die der innerseelischen in der gelungenen

Liebe, sei es die der himmlischen im Glauben – einer Geborgenheit, von deren Verlust Heines Lyrik gezeichnet ist.

> Heines Liebesgedichte kreisen um das Motiv der unerfüllten Liebe, das sie in volksliedhaft schlichten, höchst musikalischen Versen vielfältig variieren. Ihr Liebesbegriff ist geprägt vom Leiden des Subjekts an seinen Gefühlen, das durch keinen religiös-romantischen Glauben an einen übergreifenden Daseinszusammenhang mehr aufgehoben werden kann. Dagegen versucht Heine auf der Ebene des Künstlerischen – mit gelegentlichem Erfolg – zu einer Bewältigung der emotionalen Spannungen zu gelangen: durch das ironische Spiel.

Himmlische und irdische Liebe in der romantischen Poesie

Dic romantische Dichtung wird von der Idee geleitet, in der gegebenen Realität überwirkliche (transzendente) Zusammenhänge und göttliche Kräfte zu erkennen und im Kunstwerk darzustellen. Sie ist daher im wesentlichen transzendentale oder religiöse Poesie. Entsprechend treffen wir in ihrer Liebeslyrik auf einen zweifachen Liebesbegriff: die irdisch gegebene Sinnenliebe und die aufs Himmlische gerichtete Seelenliebe. Die Gedichte von Novalis, Brentano und Eichendorff legen Zeugnis ab von diesem Dualismus der Empfindungen und dem Versuch, ihn zu versöhnen. Als Textbeispiele für die gegensätzlichen Tendenzen dienen uns vor allem das Novalis-Gedicht „An Julien“ und „Der Schiffer“ von Eichendorff.

An Julien

Daß ich mit namenloser Freude
Gefährte deines Lebens bin
Und mich mit tiefgerührtem Sinn
Am Wunder deiner Bildung weide –
Daß wir aufs Innigste vermählt
Und ich der Deine, du die Meine,
Daß ich vor allen nur die Eine
Und diese Eine mich gewählt,
Dies danken wir dem süßen Wesen,
Das sich uns liebevoll erlesen.

O! laß uns treulich ihn verehren,
So bleiben wir uns einverleibt.
Wenn ewig seine Lieb uns treibt,
So wird nichts unser Bündnis stören.
An seiner Seite können wir
Getrost des Lebens Lasten tragen
Und selig zu einander sagen:
Sein Himmelreich beginnt schon hier,
Wir werden, wenn wir hier verschwinden,
In seinem Arm uns wiederfinden.

(Novalis 1772–1801)

Biographischer Zusammenhang

Das vorliegende Gedicht aus dem Jahre 1800 ist an die Verlobte Julie von Charpentier gerichtet, die Novalis im selben Jahr zur Frau nehmen wollte. Schwere Krankheit und der Tod des Dichters ließen es nicht mehr zu. Dieser biographische Bezug macht uns aufmerksam auf eine enge Verflechtung von Dichtung und Lebenswirklichkeit in der Literatur seit dem 18. Jahrhundert. Für Novalis gilt, wie für Heine (vgl. Kapitel 5), daß die erlebte Liebe seine dichterische Existenz in beträchtlichem Ausmaß bestimmt hat. Uns geht es aber vor allem darum, den auf den ersten Blick befremdlichen Sinn zu erfassen, den Novalis der Liebe in seinem Gedicht verleiht. Daher wird die inhaltliche Analyse im Mittelpunkt der Interpretation stehen.

Liebesbeziehung als pragmatisches Bündnis

Das lyrische Ich formuliert in der 1. Strophe seine Beziehung zu der geliebten Frau auf mehreren Ebenen. Es bezeichnet sich als ihr ‚Lebensgefährte', was im Kontext mit dem Verb „vermählen" (Vers 5) auf ein eheliches Verhältnis hinweist, wobei das Verb im 18. Jahrhundert auch bedeutet: zur Ehe versprochen sein, sich verbinden. Dem geht eine bewußt getroffene Entscheidung voraus. Indem die Verse 7/8 („vor allen nur die Eine [...] gewählt") die Wahlmöglichkeit thematisieren, kommt eine eher vernunftbetonte Liebesauffassung zum Ausdruck. In diesem Sinne spricht das Ich in der 2. Strophe von einem „Bündnis", in dem man gemeinsam des „Lebens Lasten" bewältigt. Das Verhältnis der beiden stellt sich dar als eine harmonische, anscheinend leidenschaftslose Lebenspartnerschaft. Obwohl auf dieser Ebene das Erotische in den Hintergrund tritt, lassen sich einige vage Anspielungen doch auch in diese Richtung deuten. Die Verse 3/4 sprechen von der außerordentlichen Schönheit der Frau („Wunder deiner Bildung"), deren Anblick der Liebende mit „tiefgerührtem Sinn" genießt. Die Körperschönheit erweckt also wohl sinnliche Begeisterung, doch bewegt sie sich innerhalb des beglückten Anschauens. Novalis hat der sinnenhaften Komponente der Liebe in seinen Dichtungen ein gewisses Recht zugestanden, er hat sie aber nicht für einen wesentlichen Teil in der Partnerschaft gehalten.

Rolle der Sinnlichkeit

Ihre eigentliche Erfüllung findet die Liebesbeziehung der beiden Gedicht-Figuren in einer anderen Dimension. Wir gelangen zu ihr, wenn wir den wörtlichen Gebrauch des Begriffs ‚Liebe' im Gedicht näher betrachten. Er tritt einmal auf im Adverb „liebevoll" am Schluß der 1. Strophe und bezieht sich hier

Analyse des Wortgebrauchs ‚Liebe'

auf das „süße Wesen“, dem die beiden ihren Bund verdanken, nämlich auf Christus. Novalis verwendet hier pietistische Sprach- und Denkformen, die er durch das Studium der Schriften Zinzendorfs (1700–1760) kennenlernt und die in der Romantik, aber auch bei Klopstock (vgl. Kapitel 8), eine große Rolle spielen. Es handelt sich um eine protestantische Reformbewegung, die der christlichen Lehre durch verinnerlichte Glaubensfrömmigkeit und den Gedanken der Wiedergeburt des Menschen in Christus neue Impulse gegeben hat.

Der Strophenschluß besagt: Der gegenseitigen Wahl der Liebenden liegt voraus die Wahl Christi, in der er sich aufgrund seiner Liebe die beiden zu seinen Anhängern ausgewählt hat, d. h. sie zu seinen Gläubigen gemacht hat. Dieser religiöse Gedanke wird dann in der 2. Strophe weiter entfaltet. Als Antwort auf die Liebe Christi fordert das lyrische Ich zur gemeinsamen Anbetung des Herrn auf, durch die der Bestand ihres Liebesbundes gewährleistet wird. Ein zweites Mal zitiert nun das Gedicht den Begriff ‚Liebe‘ (Vers 13) und ordnet ihn wiederum Christus zu. Seine Liebe zu den Menschen soll den beiden als Vorbild dienen, ihre Nachahmung die Harmonie in ihrer Partnerschaft sichern. Das Bündnis der Liebenden ist Ausdruck einer Gemeinschaft vor Christus und mit ihm. Beide Textstellen, die von ‚Liebe‘ sprechen, meinen diese als Wesenszug des Gottessohnes, und nur sie scheint den Namen ‚Liebe‘ zu verdienen. Die Liebesbeziehung zwischen den Menschen besitzt zwar eine innere Verwandtschaft mit der Christusliebe, doch ist sie ihr völlig untergeordnet. Die Liebe des Erlösers vermittelt den Menschen schon im Leben die Gewißheit vom ewigen Reich Gottes. Dort werden sich die Liebenden – in pietistischer Vorstellung – auf immer mit Christus vereinen.

Christliche Deutung der Liebe

Erfüllung im Jenseits

Unserem heutigen Verständnis erscheint es sehr befremdlich, daß Novalis sein Liebesgedicht mit der gedanklichen Vorwegnahme des Todes beendet und die eigentliche Erfüllung der irdischen Liebe, die nur eine Vorstufe der himmlischen ist, ins Jenseits verlegt. Den Romantikern (und vor allem Novalis) ist das Todesbewußtsein in positivem Sinne sehr vertraut. Anders als im Barock (vgl. Kapitel 9), herrscht in der romantischen Dichtung die Überzeugung, daß der Mensch im Tod die mystische Einswerdung mit dem Heiland erreicht und diese, als ein Akt höchster Liebe, dem Leben seine Vollendung gibt. Die Verbindung mit Christus ist ein Zustand ewiger Freude. Unter dieser Voraussetzung erscheint die „irdische Ehe als ein Abbild der unio mystica zwischen Mensch und Gott" (P. Kluckhohn, Die Auffassung der Liebe, a. a. O., S. 496). Wenn die Liebe zwischen Mann und Frau eine solche Symbolbedeutung besitzen soll, dann muß sie, wie die Liebe Gottes zu den Menschen, unauflösbar sein. Daher rührt es, daß die Liebesbeziehung für die Romantiker in der Ehe ihren gültigsten Ausdruck findet; allerdings nur, wenn sie als innige Einheit geistig-leiblicher Zuneigung (Hegel) begriffen wird.

Einswerden mit Christus

Das Wechselverhältnis zwischen Menschen- und Gottesliebe wird in dem Gedicht „An Julien" auch formal kunstvoll nachgebildet im Aufbau und in den syntaktischen Strukturen. Die gesamte 1. Strophe besteht aus einem einzigen Satzgefüge. In einer Folge von Konjunktionalsätzen (Vers 1–8) spricht das lyrische Ich von der Beziehung zwischen den Liebenden, dem Hauptthema der Strophe. Sämtliche Gliedsätze sind dem Hauptsatz „Dies danken wir dem süßen Wesen" untergeordnet. Im übergeordneten Satz wird der letzte Urheber der Liebe genannt, von dem alles andere abhängt. Ihm folgt noch ein Relativsatz, der die Verbindung zwischen Christus und dem Paar näher definiert. Das syntaktische und thematische Zentrum bildet aber der Hauptsatz (Vers 9).

Menschen- und Gottesliebe

Auch die 2. Strophe spiegelt in ihrem grammatischen Aufbau die Abhängigkeit der Liebenden von Christus wider. Die Verse 11/12 und 13/14 bestehen aus Konditionalsätzen (im ersten Fall durch den Aufforderungssinn verdeckt), in denen die Hinwendung zum Heiland als Bedingung genannt wird für das in den Hauptsätzen benannte Gelingen ihrer Partnerschaft: „... bleiben wir uns einverleibt" (Vers 12), „... wird nichts unser Bündnis stören" (Vers 14). Syntaktisch nebengeordnet sind die Aussagesätze der Zeilen 15–18, was ihrem inhaltlichen

Sinn korrespondiert: Die Liebenden sehen sich nämlich an der Seite Christi und nicht mehr unter ihm. Die innere Gesamtbewegung der Strophe verläuft so, daß das Verhältnis der Liebenden zu Jesus von der Unterordnung zur Gleichsetzung und schließlich zur Vereinigung mit ihm führt.

Göttlicher Ursprung der Liebe

Die alles umfassende und einigende Kraft ist die Liebe. Die Verklammerung der irdischen mit der religiös-transzendentalen Liebe, wie sie sich im Gedicht inhaltlich und formal spiegelt, führt bei Novalis dahin, daß es in Wahrheit nur eine Liebe gibt. „Die Liebe zur Geliebten und zu Gott sind wesenseins [...], und diese Liebe reicht weit über die Schranken des diesseitigen Lebens hinaus" (P. Kluckhohn, Die Auffassung der Liebe, a. a. O., S. 483). Damit erreicht der Liebesbegriff in der Romantik eine gedankliche und ästhetische Ausprägung, hinter der die erotisch-sinnlichen Komponenten weitgehend verschwinden. Im Gegensatz zur Liebesauffassung der Lyrik des 20. Jahrhunderts steht der göttliche Ursprung der Liebe so sehr im Mittelpunkt, daß sie im Grunde nur als reine, geistig-seelische Liebe erscheinen kann, wenn sie ihre Gottesherkunft nicht verraten will.

Religiöser Liebesbegriff bei Eichendorff

Die christliche Deutung der Liebe – gegenüber Novalis um einige Aspekte erweitert – bildet auch das Grundthema der Dichtungen Eichendorffs (1788–1857). Zur Veranschaulichung ihrer Gestaltungsweise des Motivs weisen wir auf das seiner Ehefrau gewidmete Gedicht „An Luise" hin, dessen letzte Strophe lautet:

> Doch wie den Blick ich dichtend wende,
> So schön in stillem Harme
> Sitzt du vor mir, das Kindlein auf dem Arme,
> Im blauen Auge Treu und Frieden ohne Ende,
> Und alles laß ich, wenn ich dich so schaue –
> Ach, wen Gott lieb hat, gab er solche Fraue!
> (RUB, S. 183)

Geliebte Frau als Gottesmutter Maria

Die vom lyrischen Ich angesprochene geliebte Frau wird in der 1. Strophe wegen ihrer Güte und beruhigenden Wirkung auf den Mann gerühmt. Dann verschmilzt der Dichter-Figur in den zitierten Versen ihr Anblick mit den Darstellungen der Jungfrau Maria, wie wir sie von vielen Bildern kennen: mit gefaßtem Schmerz, das Kind im Arm. Die blauen Augen sind in Eichendorffs Gedichten häufiger ein poetisches Signal für Anspielungen auf die Gottesmutter. Im 12. Vers des Gedichts „Die heilige Mutter" heißt es: „Das sind die treuen Augen, himmelblauen" (J. v. Eichendorff, Werke. München 1966, S. 279); sie sind im Kontext dieses Gedichts eindeutig auf Maria bezogen. Mit Hilfe solcher Andeutungen stellt Eichendorff eine Verbindung zwischen den dichterischen Frauengestalten – seien sie Geliebte oder seien sie Ehefrau – und der Himmelsjungfrau her. Die Liebespartnerschaft bzw. die Ehe bekommt damit stark religiöse Züge.

Die Liebe, die sich im Anblick der geliebten Frau zu erkennen gibt, führt das lyrische Ich zur Anschauung des Göttlichen. Eichendorff hat die zentrale Bedeutung, die das Motiv der Augen dabei besitzt, in seinem Gedicht „Der Blick" demonstriert. Es beginnt mit den Versen

> Schaust du mich aus deinen Augen
> Lächelnd wie aus Himmeln an.
> (RUB, S. 182)

Die Poesie kennt den „Himmel" auch als metaphorische Umschreibung für höchstes irdisches Glück, aber bei Eichendorff ist der Begriff nie ohne religiöse Konnotationen verwendet. Sie müssen auch in den Versen der 3. Strophe mitgedacht werden, wenn das lyrische Ich in dem „reinsten Augenpaar" die „Quelle" des „Himmels" wahrnimmt. Der Bezug der Liebe zur göttlichen Transzendenz verleiht ihr erst ihren Sinn und ist die Ursache für das wirkliche Glück.

Liebe: Vorahnung himmlischen Glücks

Mit der christlichen Interpretation der Liebe zwischen den Menschen vollzieht Eichendorff in seinen Gedichten eine Idealisierung der Frau, die sich in einer der Marienverehrung ähnlichen Haltung ausdrückt. Der erotischen Liebesauffassung ist damit – ähnlich wie bei Novalis – eigentlich der Boden entzogen. Wir neigen dazu, diese idealistischen Tendenzen für wirklichkeitsfremd zu halten. Doch muß man vor einer solchen Einschätzung bedenken, daß die romantische Dichtung einen völlig anderen Wirklichkeitsbegriff besitzt als wir. Für sie gibt es höchste Realität nur im jenseitigen Reich des Gött-

Idealisierung der Liebe

lichen und des Geistes. Der Poesie fällt die Aufgabe zu, den Menschen eine Vorahnung dieses Reiches zu vermitteln und den Weg dorthin zu zeigen. Die irdische Wirklichkeit ist dagegen nur ein dürftiges Abbild; wie auch die menschliche Liebe ein schwacher Abglanz der himmlischen ist. Die Liebesdichtung soll aber vor allem die Erscheinungsformen der höchsten Liebe im poetischen Gleichnis darstellen. Bei alledem bleibt die schmerzliche Differenz zwischen den hohen Ideen von Liebe und der wirklich gelebten menschlichen Liebe unaufhebbar bestehen.

Spannungen zwischen Sinnen- und Seelenliebe

Sinnliche Leidenschaft stellt ein Wesensmoment der menschlichen Liebe dar. Aber wie soll die Sexualität mit der heiligen Liebe je versöhnt werden? Hier tut sich ein Dilemma auf, das die romantischen Dichter besonders deshalb so schwerwiegend empfunden haben, weil sie an die Einheit aller Lebensäußerungen glaubten. Die Idee einer universalen Liebe, die alle Wesen durchwaltet, beruht auf der Vorstellung von einer einzigen Liebe. In der Dichtung von Novalis gelingt mit Hilfe religiöser und philosophischer Anschauungen noch eine Art von Synthese der Liebesformen zu einer allumfassenden Kraft.

Eros in Brentanos Lyrik

Clemens Brentano (1778–1842), diesem „Pilger zwischen Babylon und Jerusalem", wie er sich selbst einmal nannte, ist die Zusammenfassung zur Einheit gänzlich fehlgeschlagen. In den Sehnsuchtsmotiven, in der Zerrissenheit des lyrischen Ichs, in der formulierten Sinnlichkeit spiegeln seine Gedichte das erotische Temperament des Autors, das in Konflikt mit seiner Gläubigkeit gerät. In einem Gedicht für die geliebte Emilie Linder schreibt noch der sechsundfünfzigjährige Brentano:

> Ich weiß wohl, was dich bannt in mir,
> Die Lebensglut in meiner Brust,
> Die süße zauberhafte Zier,
> Der bangen tiefgeheimen Lust,
> Die aus mir strahlt . . .
>
> (RUB, S. 161)

Dämonische Zaubermacht der Liebe

Das lyrische Ich (hier mit enger Verwandtschaft zum Dichter selbst) spricht von der Faszination des Erotisch-Sinnlichen, von dem es selbst in Bann geschlagen ist und an dessen unwiderstehliche Wirkung auf die Geliebte es glaubt. Die Glut-Metapher – „Lebensglut“ meint natürlich: Liebesglut – verbindet sich mit der Erscheinung des Glanzes (= Zier) zur Beschreibung der Lust, die ja der 5. Zeile zufolge eine strahlende Lust ist. Wärme und Licht gehören bei Brentano zur Sprache der Sinnenliebe, ebenso wie das Adjektiv „süß“. Aber der Reiz des Erotischen wird auch „zauberhaft“ genannt, und zwar im ursprünglichen Sinne als „mit Zauber behaftet“. Das heißt: mit einer Macht zur Verführung ausgestattet, der etwas Dämonisches innewohnt und die einem wohl Angst („bang“) machen kann.

Symbolgestalt ‚Loreley'

Der Begriff des Zaubers stellt gleichsam ein Schlüsselwort in der romantischen Liebesdichtung dar. Brentano hat ihm in der Sinnbildfigur der Loreley und der Romanze von ihrem Schicksal einen wirkungsmächtigen Ausdruck verliehen. Bereits die 2. Zeile des Gedichts nennt die verführerische Jungfrau „eine Zauberin“. Später wird der Doppelsinn des Zaubers auf ähnliche Weise dargestellt wie in den Versen an Emilie. Der Bischof fragt die Verführerin:

> „Du arme Lore Lay,
> Wer hat dich dann verführet
> Zu böser Zauberei?“
> (Conrady, S. 363)

Die Liebeszauberin schlägt nicht nur die Männer in ihren Bann; sie ist selbst vom Eros auf qualvolle Weise verzaubert. Brentano schlägt in seinem Gedicht eine Erlösung von der Liebesdämonie vor, nach der auch Lore Lay selbst sich sehnt: als „Gottes Jungfrau“ ins Kloster zu gehen. Doch sie ist zur Maria nicht geschaffen. Von der Macht des Eros gefesselt, stürzt sie sich hinunter in den Rhein. So verdirbt die Verderberin am Ende selbst.

Erotische Verführung bei Eichendorff

Auch Eichendorffs Lyrik kennt neben der christlich verankerten Seelenliebe, wie wir sie in den Gedichten „An Luise“ oder „Der Blick“ antreffen, die magische Zauberkraft der sinnlichen Verlockung. Das nachfolgende Sonett kann uns als Beispiel für die Eichendorffschen Gedichte von der erotischen Gegenwelt dienen.

Der Schiffer (1808)

Du schönste Wunderblume süßer Frauen!
Ein Meer bist du, wo Flut und Himmel laden,
Fröhlich zu binden von des Grüns Gestaden
Der Wünsche blühnde Segel voll Vertrauen.

So schiffend nun auf stillerblühten Auen,
In Lockennacht, wo Blicke zaubrisch laden,
Des Munds Koralln in weißem Glanze baden,
Wen füllt' mit süßem Schauer nicht solch Schauen!

Viel hab ich von Sirenen sagen hören,
Stimmen, die aus dem Abgrund lockend schallen
Und Schiff und Schiffer ziehn zum kühlen Tode.

Ich muß dem Zauber ewge Treue schwören,
Und Ruder, Segel laß ich gerne fallen,
Denn schönres Leben blüht aus solchem Tode.

Joseph von Eichendorff

Sonettstruktur und Gedichtaufbau

Das Gedicht gliedert sich in zwei vierzeilige Strophen (Quartette) und zwei Dreizeiler (Terzette). Beide Teile sind durch unterschiedliche Reimbindungen (abba abba bzw. cde cde) deutlich voneinander getrennt. Die Quartette erhalten eine zusätzliche Abgeschlossenheit dadurch, daß sich die Verse 1 und 8 durch dieselbe syntaktische Struktur auszeichnen: Sie sind einzeilige Ausrufesätze mit schließendem Ausrufezeichen und legen sich wie eine Klammer um die erste Hälfte des Gedichts. Thematisch gestaltet dieser Teil die Eros-Erfahrung des lyrischen Ichs, während die zweite Hälfte eine reflektierende Verallgemeinerung des subjektiv Erlebten (Strophe 3) und die Schlußfolgerungen des Ichs (Strophe 4) enthält. Der Gesamtverlauf, der sich im Bild der Schiffsreise zwischen Ausfahrt und Untergang vollzieht, erfährt eine Steigerung, die bis zur Schlußzeile anhält.

Das wichtigste Gestaltungsmittel, mit dem Eichendorff das Motiv der weiblichen Verführungsmacht poetisch veranschaulicht, besteht in den Bildvergleichen und Metaphern. Im preisenden Anruf der 1. Zeile benutzt das lyrische Ich die Umschreibung

Blumen-Metaphorik: Sinnlichkeit

„Wunderblume süßer Frauen“. Die Benennung einer geliebten Frau als Blume, z. B. als Rose oder Lilie, ist als traditionelles Klischee in der Lyriksprache bekannt. Eichendorff wählt aber mit Bedacht nicht eine bestimmte Blumenart zur Metaphernbildung, mit deren Hilfe der Leser assoziative Beziehungen zwischen der Schönheit der Pflanze (Form, Farbe, Duft etc.) und der Geliebten herstellen könnte, sondern er bedient sich des abstrakten Gebildes „Wunderblume". Dadurch wird die Vorstellung geweckt, daß die Frau nicht in bestimmten Äußerlichkeiten, sondern ihrem ganzen Wesen nach den Blumen gleicht. Wozu man noch wissen muß, daß die Blume als Teil des Vegetabilischen bei Eichendorff stets in den Bereich des rein Sinnlichen weist. Zusätzlich werden der Frau durch die Metapher übernatürliche Eigenschaften und Wirkungen (‚Wunder') auf das lyrische Subjekt zugeschrieben. Und schließlich wird ihr das auf Sinnenreiz deutende Adjektiv „süß" zugeordnet. Allerdings läßt sich eine semantische Beziehung des Beiworts zwanglos auch zur Blume herstellen (süßer Duft) und ebenfalls zur Wahrnehmungsbereitschaft des lyrischen Ichs, in dem die weibliche Schönheit ja „süße" Empfindungen weckt – wie die Wiederholung des Abjektivs im 8. Vers („süße Schauer") bestätigt. So wirkt die betörende Süße in allen Wesen.

Meeres-Metaphorik: Sehnsucht und Abenteuer

Der zweite Metaphernkomplex, mit dem Eichendorff die Faszination des Weiblichen auf das lyrische Subjekt umschreibt, ist *das Meer.* Es dient als Sinnbild für die Sehnsucht des Menschen, in die verlockende Ferne zu fahren. Entsprechend lädt es (das Meer, das eigentlich eine Frau ist) das Ich dazu ein, „der Wünsche blühende Segel" zu lösen. So verschmilzt das Erlebnis der Sinnenliebe mit dem Bild der abenteuerlichen Meerfahrt, bei der die eigenen Wünsche dem Schiffer als Antrieb („Segel") dienen, und zwar in geschickter Verschränkung mit der Blumen-Metapher als „*blühende* Segel", d. h. als dem bewußtlos-organischen Wesen der Pflanzen verwandt.

Nacht als Sinnbild der Verlockung

Die 2. Strophe führt das Bild des Liebeserlebnisses als Reise weiter und benennt in metaphorischer Umschreibung einige ihrer ‚Stationen'. Waren es in Vers 2 noch sehr unbestimmt „Flut und Himmel", die das Ich faszinierten, so konkretisieren sich in Vers 6 –

der übrigens mit Vers 2 syntaktisch auffällig übereinstimmt – die erotischen Anziehungskräfte: „In Lockennacht, wo Blicke zaubrisch laden". Die Metapher „Lockennacht" spielt an auf die in Eichendorffs Werk meist schwarzgelockte Liebeszauberin. Mit untergründiger Doppelbedeutung ruft sie zugleich die Gefahr wach, die dem Ich von der Verlokkung der Nacht droht. Sie symbolisiert in solchem Zusammenhang das finstere Reich des Bösen.
Zum Arsenal der verführerischen Waffen gehören natürlich die „Blicke", die „zaubrisch laden" (= lokken); ganz im Gegensatz zu den Gedichten „An Luise" und „Der Blick", in denen sie im Kontext mit der Helle des Himmels inneren Frieden und nicht Verwirrung stiften.

Weibliche Sinnenreize

Von sinnlicher Schönheit kündet das aufreizende Rot der Lippen, das Eichendorff nicht zufällig mit einer Metapher der barocken Liebeslyrik formuliert („Des Munds Koralln"). Das kontrastierende Weiß der Wangen und der Zähne veranlaßt eine weitere optisch reizvolle Bildfindung: das faszinierend schöne Gesicht gleicht einem Bad, in das man eintauchen möchte. Auch dieses Bild knüpft an die Meeres-Metapher an und weckt zugleich Erinnerungen an poetisch-mythologische Badeszenen mit erotischem Inhalt (z. B. die schaumgeborene Aphrodite). Im 8. Vers faßt das lyrische Ich die Wirkung der sinnbetörenden Reize in einem Ausruf zusammen. Eichendorff nutzt auf kunstvolle Weise die Klangverwandtschaft der Wörter „schauen" und „Schauer", um durch ein Wortspiel den Zusammenhang zwischen dem Anschauen der weiblichen Schönheit und den begehrlichen Empfindungen des Ichs („Schauer") zu verdeutlichen. Aber der Bezug des substantivierten Verbs „Schauen" ist wiederum doppeldeutig: Es meint das Schauen des lyrischen Subjekts selbst wie auch die lockenden Blicke der Verführerin. Und in das System der vielfältigen Verknüpfungen wird sogar der Leser hineingezogen, indem er die rhetorische Frage („Wen füllt' . . . nicht") auch auf sich beziehen wird.

Sirenen-Motive und Zaubergesang

In der 3. Strophe verbindet das lyrische Subjekt in einer Art reflexiver Besinnung sein Erlebnis mit dem mythisch-heidnischen Zaubergesang der Wasserjungfrauen, von dem Homer in der „Odyssee“ (XII. Gesang) berichtet und der von Brentano weitergeführt wird. Das Ich findet hier die eigene Verführungssituation vorgebildet, und es kennt die darin lauernden tödlichen Gefahren. Es weiß also, daß die Verlockungen aus dem „Abgrund“ kommen und daß seine Fahrt dort enden wird, wenn es die Warnung der Erzählungen von den Sirenen überhört. Trotzdem schreckt die Vorstellung des „kühlen Todes“ im „Abgrund“ das verblendete Gedicht-Subjekt nicht ab. Sie besitzt vielmehr eine solche Anziehungskraft, daß der Untergang als glückhafte Verheißung erscheint („schönres Leben“).

Lebensbedrohende Macht des Eros

Die 4. Strophe läßt endgültig erkennen, daß das Ich der Eros-Gewalt wehrlos ausgeliefert ist: Es *„muß“* ihr „ewge Treue schwören“. Damit handelt es unter einem Zwang, der ihm keine freie Wahl läßt, obwohl der Dichter ihm auf der anderen Seite eine Entscheidungsfreiheit („laß ich gerne fallen“) einräumt. Im ambivalenten Zwischenbereich von Müssen und Wollen entscheidet sich der Kampf des Menschen mit den sinnlichen Verlockungen. Wer ihnen erliegt, verliert die Lauterkeit seines Herzens („süße Schauer“ verwirren ihn) und seine geistig-sittliche Freiheit (er *muß* dem Zauber folgen). So geht er als Mensch im höheren Sinne zugrunde. Das ist mit dem symbolischen Tod gemeint, der drohend am schwergewichtigen Ende der beiden letzten Strophen steht.

Und dennoch schließt das Gedicht mit der Behauptung des Ichs: „schönres Leben blüht aus solchem Tode“. Der Text scheint nun auch den Leser zum Irrglauben an die Macht des Eros verführen zu wollen. Doch aus der Kenntnis von Novalis' und Eichendorffs Liebeslyrik wissen wir, daß die romantische Einheit von Liebe und Tod nur dann positiven Sinn erhält, wenn der Tod zur Gemeinschaft der gläubigen Seelen mit Christus führt. Vor allem im Novalis-Gedicht „An Julien“ wird die Vorstellung des Todes als Vorwegnahme der ewigen Seligkeit erlebt. Der symbolische Ort dieses schöneren Lebens ist für den Romantiker der Himmel als die wahre Heimat der Seele, niemals aber der „Abgrund“.

„Abgrund“-Symbol

Mit diesem Schlüsselbegriff spricht Eichendorff das

Urteil über die Liebes- und Lebensreise des Schiffers. Zahllose Textstellen in seinem Werk belegen die negative Bedeutung von „Abgrund“ (auch „Grund“ oder „Schlund“) als Ort der unerlösten Verlorenheit. Nur das verführte und völlig verblendete lyrische Ich kann der Illusion anheimfallen, hier ein „schönres Leben“ zu gewinnen. In dem Gedicht „Der stille Grund“ (J. v. Eichendorff, Werke, a. a. O., S. 300), das ebenfalls von der Dämonie des Eros handelt, finden wir eine ausdrückliche Bestätigung für diese Interpretation von „Der Schiffer“. Sein Titel signalisiert im Raumsymbol – verschärft durch die Stille – die Gefährdung des lyrischen Ichs. Eichendorff benutzt auch hier das Nixenmotiv und den Sirenengesang als Sinnbild für die erotische Verzauberung. Doch er gibt dem Gedicht eine völlig andere Schlußwendung. Die faszinierende Wirkung der weiblichen Schönheit wird gebrochen, als im rechten Augenblick die Morgenglocken, Symbolklänge des Glaubens, ertönen und den Zauber lösen:

Rettende Macht des Glaubens

Und hätt ich nicht vernommen
Den Klang zu guter Stund,
Wär nimmermehr gekommen
Aus diesem stillen Grund.

Die rettende Gegenmacht, die ja schon von Brentano in der „Lureley“ beschworen wird, liegt im Religiösen. Es ist ein festes Motiv bei Eichendorff, durch ein frommes Lied oder das Läuten der Kirchenglocken die Befreiung seiner Figuren aus der verführerischen Situation ins Werk zu setzen. Das sich allein überlassene Ich – so erfahren wir es in „Der Schiffer“ – geht ohne die Hilfe des Glaubens im Abgrund seiner eigenen Verführbarkeit verloren.

Jungfrau Maria – Liebesgöttin Venus

Ihre wichtigste Konkretion erfährt die bewahrende Kraft des Glaubens jedoch – sowohl bei Brentano wie bei Eichendorff – in der heiligen Jungfrau Maria. In ihr verkörpert sich die reine Gottesliebe als höchste Form der Liebe überhaupt. Dagegen drängt die Lyrik der Romantiker die erotische Liebe ganz in den Bereich des dämonischen Zaubers. Ihre Symbolfigur ist die heidnische Göttin der Sinnenlust: Venus.

Die bedeutendste poetische Gestaltung findet die

Rolle der Venus als Gegenpart zur Maria in der „Tannhäuser“-Legende, die den Keim zu zahlreichen romantischen Dichtungen bildet. Die Volkslieder-Sammlung „Des Knaben Wunderhorn“ enthält ein „Tannhäuser“-Lied; Tieck verarbeitet das Motiv im „Getreuen Eckart“; Eichendorff benutzt die Venus-Symbolik im „Marmorbild“; Heine schreibt eine Tannhäuser-Ballade; Wagner legt den Stoff einer großen romantischen Oper zugrunde. Die Grundidee des Motivkomplexes besteht in der für die Romantik so entscheidenden Trennung der Liebe in den triebhaft-sinnlichen und den seelisch-religiösen Bereich. Schon im alten „Tannhäuser“-Lied des 16. Jahrhunderts wird Venus als männerverderbende Teufelin der reinen Heilsfigur der Gottesmutter gegenübergestellt.

„Tannhäuser“-Legende

Die poetisch-allegorische Konzeption dieser strikten Trennung beider Bereiche läßt erkennen, daß an eine Versöhnung von Körper und Geist in der romantischen Liebesdichtung nicht zu denken ist. Indem sie den Dualismus der Liebe mit Hilfe von mythischen Vorstellungen und symbolischen Gestalten veranschaulicht, siedelt sie die Darstellungen der Liebesbeziehung in einer Sphäre an, die fernab der Wirklichkeit liegt. Trotzdem müssen sich die Aussagen dieser Lyrik auf das reale Phänomen der Liebe in der Lebenswirklichkeit beziehen lassen, wenn sie einen über die Dichtung hinausweisenden Sinn besitzen sollen.

Dieser Bezug kann auf zwei verschiedenen Ebenen hergestellt werden. Zum einen benutzt die romantische Liebeslyrik die symbolischen Motive, um die Wünsche und Sehnsüchte, die Hoffnungen und Ängste der menschlichen Seele poetisch ins Bild zu setzen. Durch diese psychologische Vorgehensweise gelingt es, allgemeingültige Grundzüge in der menschlichen Liebe sinnbildhaft zu verdeutlichen. Sie legt, neben anderen methodischen Zugängen, eine psychologische bzw. tiefenpsychologische Interpretation der Texte nahe.

Psychologische Deutung der Eros-Symbolik

Andererseits bestehen auch verhüllte Beziehungen zwischen einzelnen Liebesgedichten und der persönlichen Erlebnissphäre der Dichter. Eine solche Verbindung haben wir beispielsweise im Novalis-

Gedicht „An Julien“ gefunden. Stärker ausgeprägt sind biographische Einflüsse im Werk Brentanos, weniger in den Dichtungen Eichendorffs.

Biographische Deutung des Liebesbegriffs

Clemens Brentano erwartete alles das, was die romantische Liebesauffassung in ihren poetischen Darstellungen entwarf, von seiner Ehe mit Sophie Mereau. Sie sollte ihm, wie Werner Hoffmann schreibt, „zugleich Mutter, Geliebte und Mater Gloriosa sein“. (W. Hoffmann, Clemens Brentano. Leben und Werk. Bern 1966, S. 153) Aber kein Mensch kann eine solch grenzenlose Liebe geben, und so bleibt die utopische Sehnsucht nach dem allumfassenden Erleben unerfüllt. Die Beglückung durch die Sinnenliebe, die Brentano in seiner Ehe erfährt, erscheint ihm wie „ein Sirenengesang, der ablenkt vom wahren Wege der Seele“ (P. Kluckhohn, Die Liebesauffassung, a. a. O., S. 589). Der

Widerspruch zwischen irdischer und himmlischer Liebe

Widerstreit zwischen sinnlicher und religiöser Liebe wird vom Dichter ganz konkret erfahren. Er ist weder in der Ehe noch später, nach Sophies Tod, in den Beziehungen zu Luise Hensel und Emilie Linder zu schlichten. Brentanos Überzeugung, daß alle Liebe – auch die erotische – sich auf die Ewigkeit ausrichte, daß sie „ein irdisches Sinnbild der Suche nach Gott“ darstelle, daß das „völlige Einswerden mit einem geliebten, liebenden Menschen ein Symbol der Rückkehr zu Gott“ sei, dieser romantische Glaube erweist sich in der Realität als gescheitert (W. Hoffmann, a. a. O., S. 300). Nach dem Mißlingen der großen Synthese vollzieht Brentano im Dichterischen wie in der Lebensführung eine

Religiöse Entscheidung

entschiedene Hinwendung zum Christlichen. Eine harmonische Lösung kann man darin nicht erblicken. Doch kennzeichnet sich diese religiöse Wendung, wenn wir die Tendenzen in der Dichtung von Novalis und Eichendorff hinzunehmen, als die charakteristisch romantische Entscheidung für die göttliche Liebe.

> Der Gegensatz von Sinnenliebe und geistig-seelischer Liebe führt die romantische Lyrik in einen kaum lösbaren Konflikt. Die ersehnte Zusammenführung beider Formen der Liebe zur harmonischen Einheit gelingt als Idealvorstellung nur dann, wenn der menschliche Eros in der Liebe zu Christus/Gott aufgehoben wird (Novalis, Eichendorff). Im Grunde bleiben beide Bereiche getrennt und finden ihre jeweilige dichterische Gestaltung in Texten, die entweder eine religiöse Überhöhung der Liebe vornehmen (Vorbild: die Marienverehrung) oder sie mit Hilfe heidnisch-mythologischer Symbolfiguren (Venus, Sirenen etc.) als reine Sinnlichkeit dämonisieren (Brentano, Eichendorff).

Glück der Erfüllung – Glück des Entsagens. Goethes Liebeslyrik

Goethes umfangreiches lyrisches Werk umspannt etwa sechs Jahrzehnte (ca. 1765–1830), und es ist in seinen wesentlichen Teilen Liebeslyrik. Von den enthusiastischen Jugendgedichten („Maifest") über die Dichtung der ‚ersten Mannesjahre' („Warum gabst du uns die tiefen Blicke") und der Klassik („Römische Elegien") bis hin zum Alterswerk („Selige Sehnsucht") wandeln sich naturgemäß Formgebung und thematische Akzentuierung. Entsprechend zeigt auch der Liebesbegriff auf den verschiedenen Entwicklungsstufen, wie wir an einigen Beispielen erkennen werden, jeweils eigene Ausprägungen.

Liebe in Goethes Leben und Werk

Bei keinem anderen Dichter ist die Interpretation seiner Werke so eng mit dem Biographischen verknüpft worden wie bei Goethe. Seine Liebesgedichte lassen sich fast ausnahmslos konkreten Erlebnissen zuordnen, so daß erfahrene Wirklichkeit und poetische Fiktion eng ineinandergreifen und sich wechselseitig erklären. Die Literaturwissenschaft bezeichnet solche Gedichte, denen persönliches Erleben und Empfinden zugrunde liegt, mit dem nicht unproblematischen Begriff der ‚Erlebnislyrik'. Ihre hauptsächliche Verwirklichung hat sie in den Gedichten Goethes und der Romantik gefunden.

Erlebnisdichtung

Goethe selbst hat immer wieder die enge Beziehung seiner Dichtungen zum Leben betont, wogegen die Lyrik vor Goethe eine eher gesellige, spielerisch erfindende Sprachkunst ohne realen Erlebnishintergrund darstellt (vgl. Kapitel 8 u. 9).

Biographie und Liebeslyrik

Hingegen erscheint uns für die moderne Lyrik der Zusammenhang zwischen Gedicht und Lebensereignis mitsamt der biographischen Betrachtungsweise höchst problematisch. Die Vorstellung, ein Liebesgedicht von Celan oder Krolow (vgl. Kapitel 2) oder auch von Ulla Hahn (vgl. Kapitel 1) von einem realen Erlebnis des Dichters her zu deuten, liegt uns sehr fern. Sicher stehen auch deren Dichtungen im Zusammenhang mit persönlicher Liebes-

erfahrung, aber diese ist bis zur Unkenntlichkeit verschlüsselt, damit die Intimitätsgrenze bewahrt bleibt und nicht der Eindruck entsteht, das private Schicksal könne die Anteilnahme der lesenden Öffentlichkeit beanspruchen.
Außerdem liegt der ‚Fall Goethe' schon insofern anders, als das Interesse der Literaturgeschichte nicht nur an seinem Werk, sondern auch an der Person unvergleichlich groß ist. Daher werden wir bei der Betrachtung der Gedichte den biographischen Kontext nicht ganz vernachlässigen können.

Sesenheimer Lyrik

Erich Trunz, der Herausgeber der Hamburger Goethe-Ausgabe, bezeichnet das 1771 entstandene „Maifest" als das erste „ganz große Gedicht Goethes". Es gehört zu den Sesenheimer Liedern aus der Straßburger Zeit, die mit der Liebe zu Friederike Brion in Verbindung gebracht werden. Es soll uns als erstes Textbeispiel dienen, um in die Gedankenwelt der Goetheschen Liebesauffassung einzudringen.

Maifest

Wie herrlich leuchtet
Mir die Natur!
Wie glänzt die Sonne!
Wie lacht die Flur!

Es dringen Blüten
Aus jedem Zweig
Und tausend Stimmen
Aus dem Gesträuch

Und Freud und Wonne
Aus jeder Brust.
O Erd', o Sonne,
O Glück, o Lust,

O Lieb', o Liebe,
So golden schön
Wie Morgenwolken
Auf jenen Höhn,

Du segnest herrlich
Das frische Feld –
Im Blütendampfe
Die volle Welt!

O Mädchen, Mädchen,
Wie lieb' ich dich!

Wie blinkt dein Auge,
Wie liebst du mich!

So liebt die Lerche
Gesang und Luft,
Und Morgenblumen
Den Himmelsduft,

Wie ich dich liebe
Mit warmen Blut,
Die du mir Jugend
Und Freud' und Mut

Zu neuen Liedern
Und Tänzen gibst.
Sei ewig glücklich,
Wie du mich liebst.

Johann Wolfgang von Goethe

Texteindruck: dynamischer Stil

Was den Leser an diesen Strophen faszinieren kann, sind der dynamisch vorwärtstreibende Sprachduktus, die Fülle der natürlichen Sinneseindrücke, die helle, erfrischende Stimmung, die sich rückhaltlos aussprechende Begeisterung des lyrischen Ichs. Die Sprach- und Gefühlsintensität zieht uns unwiderstehlich in die Atmosphäre des Ganzen hinein. Diese ist bis in die einzelnen Aufbauelemente hinein so sehr von Bewegung durchströmt, daß wir bei der spontanen Rezeption auf textliche Details kaum achten können. Die Ursache für den drängenden Bewegungsablauf liegt in der innerlich gesteigerten Verfassung des Gedicht-Subjekts, die dem Leser vermittelt werden soll. Wie aber hat Goethe die Textdynamik künstlerisch realisiert?

Sprachtempo

Zum ersten wird durch die Verwendung der zweihebigen Kurzverse ein hohes Sprachtempo erreicht. Schreibt man das Gedicht in der Weise um, daß man die beiden Kurzzeilen zu einem Langvers zusammenfaßt, spürt man den Unterschied in der Wirkung:

Wie herrlich leuchtet mir die Natur!
Wie glänzt die Sonne! Wie lacht die Flur! etc.

Der Sprachfluß verlangsamt sich, die dynamischen Auf- und Abschwünge werden eingeebnet. Hinzukommt, daß die Kurzverse aufgrund der syntaktischen Struktur viele Zeilensprünge erforderlich machen, die ein fortlaufendes Gefälle zwischen den Versen herstellen (v. a. die Strophen 2, 5, 7–9) und so zur Dynamik beitragen.

Strophische Gliederung

Auch das zweite wichtige Aufbauelement, die Strophe, wird davon erfaßt. Das Hinübergleiten der Sinneinheiten macht an den Strophengrenzen nicht halt, sondern fügt mehrere Strophen inhaltlich und syntaktisch eng zusammen (Strophen 2 u. 3, 4 u. 5, 7 u. 8 u. 9). Dadurch entfallen die üblichen Pausierungen zwischen den Strophen. Wo aber solche Pausen aus formalen Gründen einzuhalten wären, stellt Goethe mit anderen Mitteln fließende Übergänge her. So am Schluß der 3. und am Beginn der 4. Strophe durch die Parallelstruktur: „O Glück, o Lust."// „O Lieb', o Liebe"; oder zwischen Strophe 6 und 7 durch die Wiederaufnahme des Verbs: „Wie liebst du mich!"//„So liebt die Lerche". Die Gliederung des Gedichts in neun Strophen wird also vom unaufhaltsamen Strömen des Rhythmus immer wieder ‚überspült'. Dadurch bringt Goethe die überschäumenden Glücksempfindungen des Gedicht-Subjekts so zur Sprache, daß die Unmittelbarkeit des Erlebens wirklich ‚hörbar' wird. Rhythmus besitzt bei Goethe stets eine große Aussagekraft; Rhythmus-Analyse ist bei seinen Gedichten ein wichtiger Interpretationsschritt.

Übergreifende rhythmische Einheiten

Unter den rhetorischen Elementen der spontanen Gefühlsäußerung im „Maifest" nimmt die Sprachfigur des Ausrufs mit der Interjektion „O" bzw. dem emphatischen „Wie" den größten Raum ein. In 14 von 36 Versen dominieren die Ausrufesätze, und selbst die Aussagesätze der Strophen 5 und 7–9 gewinnen aufgrund ihrer Expressivität den Charakter von Ausrufesätzen. Alles ist auf Steigerung und Gefühlsunmittelbarkeit angelegt, zu reflektierender Besonnenheit bleibt weder die innere Ruhe noch die nötige Zeit.

Interjektionen

Aufgrund der genaueren Formbetrachtung ist deutlich geworden, mit welchen sprachlichen und kompositorischen Mitteln der Dichter die hochgestimmte Empfindungslage des lyrischen Subjekts in der formalen Gestaltung des Gedichts überzeugend zum Ausdruck bringt.

Dem entspricht auf der inhaltlichen Ebene eine heitere, lebensfrohe Stimmung, die nicht nur das Gedicht-Ich, sondern alle Wesen ergreift.

Lebensfrohe Stimmung

Das beginnt mit der äußeren Situation des Frühlingsmorgens, in der das Leben sich zu neuer Tätigkeit entfaltet. Wir haben an verschiedenen Gedichten gesehen, daß die Nacht die eigentliche Zeit der Liebe darstellt. Wenn Goethe gerade den Morgen wählt, gibt er dadurch zu verstehen, daß die Liebe im „Maifest" nicht als weltabgeschlossene, innerseelische Beziehungen zweier Individuen verstanden werden soll. Wie alles sich dem beginnenden Tag öffnet, so öffnet sich das lyrische Ich mit seinen Empfindungen der Welt, die an seinem Glück teilnehmen soll.

Erlebte und erlebende Natur

Die morgendliche Naturszene dient in beträchtlichem Umfang zur Herstellung der freudigen Stimmung, die das ganze Gedicht durchwaltet. Sie baut sich auf aus Licht, Farben und Tönen, aus dem Gesang der Vögel, dem Duft der Blüten, aus der Weite von Himmel und Erde. So entsteht ein bewegter Kosmos voller Lebendigkeit und kräftiger sinnlicher Eindrücke. Eine herausragende Bedeutung kommt dabei – wie fast immer bei Goethe – den optischen Vorgängen zu. Das Leuchten der Natur, bewirkt vom Glanz der Sonne, setzt sich fort im goldenen Schein der Liebe (Vers 13/14) und wiederholt sich als ein sichtbares Zeichen der inneren Haltung im Leuchten der Augen (Vers 33). Wir spüren, daß die Natur nicht mehr nur Stimmungsträger, poetische Dekoration oder Spiegelbild für die menschlichen Gefühle ist wie in den vorgoetheschen Gedichten. Vielmehr wird sie ganz in die Gefühlsbewegung mit hineingenommen.

Einheit Mensch-Natur

Der innige Zusammenklang von Mensch und Natur, von Ich und Welt stellt sich in diesem Gedicht als die eigentliche Grundlage für die Erfüllung des höchsten Glücks dar. Goethe erreicht dies vor allem durch die ständige Parallelisierung der Ich-Empfindungen mit Naturvorgängen. Bereits der Eingangsvers stellt das Leuchten der Natur in eine ausdrückliche Beziehung zum lyrischen Subjekt („leuchtet/ Mir die Natur"). Der „Flur" werden durch die personifizierende Wirkung des Verbs „lachen" mensch-

Personifikationen

liche Züge verliehen. In den Versen 5–10 wird aufgrund der Abhängigkeit der drei Satzglieder vom gemeinsamen Verb „dringen aus" ein Zusammenhang durch die Syntax gestiftet. In sich steigernder Abfolge sind „Blüten" (Bereich der Pflanzen), dann „Stimmen" (Bereich der Tiere) und zuletzt „Freud und Wonne" (menschlicher Empfindungsbereich) in einer grammatischen Struktur zusammengefaßt und suggerieren so eine tatsächliche Gemeinsamkeit.
Die parallele Anordnung der folgenden sechs Ausrufe verrät auf den ersten Blick ihre innere Zusammengehörigkeit. „Erde" und „Sonne" verschwistern sich für das lyrische Ich ebenso wie das „Glück" mit der „Lust". Die „Liebe" als die höchste aller Seinsmächte korrespondiert nur mit sich selbst. Aber die Verse 13–16 stellen durch den Wie-Vergleich mit den „Morgenwolken" auch die Liebe wieder in den Naturzusammenhang, wobei die „Höhe" allerdings auf ihren überirdischen Rang aufmerksam macht. Das wird in der 5. Strophe nochmals gesteigert, indem die Liebe als personifizierte Gestalt das „frische Feld", ja die gesamte „Welt" *segnet*. Mit der religiösen Anspielung weist das Gedicht der Liebe eine Stellung zu, die eigentlich Gott einnimmt – so wie es in Eichendorffs „Nachts" heißt:

Liebe als göttliche Kraft

> Denn der Herr geht über die Gipfel
> Und segnet das stille Land. (Conrady, S. 387)

Dem christlichen Denken gilt die Liebe als höchste Wesensbestimmung Gottes, und das entspricht sicher auch Goethes Überzeugung, so daß die Gleichsetzung des biblischen „Gott ist die Liebe" auch für das Gedicht „Maifest" gelten darf. Damit ist die umfassendste Bedeutung des Liebesbegriffs erreicht, denn nun sind alle Wesen des Kosmos und auch ihr Schöpfer gleichermaßen von der Liebe durchdrungen.
Erstmals richtet sich der Blick des lyrischen Ichs in der 6. Strophe auf das eigene, ‚private' Liebesglück. Aber Goethe stellt mit dem Vergleich in der nachfolgenden Strophe sogleich wieder einen größeren Naturzusammenhang her: „So liebt die Lerche" ... so lieben „Morgenblumen" ... „Wie ich dich liebe"

Allumfassende Liebe

(Vers 25–29). Damit variiert das Gedicht noch einmal den Gedanken, den es in den Versen 5–10 schon ausgedrückt hat. Aber durch das komparative „so ... wie" sagt es hier nun ausdrücklich, daß die Liebe als treibende Kraft in den Tieren, Pflanzen und Menschen unterschiedslos wirksam ist, daß sie alle an einem universalen Liebesvermögen teilhaben.

Goethes Liebesbegriff und die Romantik

Dieser umfassende Liebesbegriff hat bei Goethe, wie in der Romantik, einen metaphysischen Sinn, denn was eine solche allumfassende Liebe konkret bedeutet, können wir nicht wissen. Aber die Goethesche Liebesauffassung erscheint sehr viel naturnäher und diesseitiger als die romantische, weil sie von der irdischen Menschenliebe ausgeht. So erhalten auch die sinnlichen Komponenten im „Maifest" ihr volles Recht. Die Formulierung „Mit warmen Blut" ist dafür ein Schlüsselbegriff bei Goethe; die Zeile 12 spricht in ähnlichem Sinne vom „Glück" der „Lust".

Liebe als Eigenwert

Alle Empfindungen der Liebesbegeisterung und der Freude besitzen in dem Gedicht ihre Erfüllung in sich selbst. Sie bedürfen keiner zusätzlichen theologischen Rechtfertigung wie in der Romantik und sind auch nicht bloße Vorstufen zu einer höheren Liebe. Noch ein halbes Jahrhundert später lesen wir in der (Marienbader) „Elegie" der „Trilogie der Leidenschaft" von 1823 die Verse:

Elegie

Dem Frieden Gottes, welcher euch hienieden
Mehr als Vernunft beseliget – wir lesen's –,
Vergleich' ich wohl der Liebe heitern Frieden
In Gegenwart des allgeliebten Wesens;
Da ruht das Herz, und nichts vermag zu stören
Den tiefsten Sinn, den Sinn, ihr zu gehören.

(RUB, S. 141)

Im Temperament mag sich die Liebesvorstellung geändert haben – „heiterer Friede" nun statt überschäumender Begeisterung –, aber das entschiedene Bekenntnis zur Liebe („ihr zu gehören") bleibt bestehen. Vergleichbar dem „Frieden Gottes", trägt sie ihren „tiefsten Sinn" in sich selbst.

Goethes Liebeszuversicht

Das ungetrübte Glücksempfinden, die lebens- und liebebejahende Zuversicht, wie sie im „Maifest" zum Ausdruck kommen, sind an Voraussetzungen gebunden, die das moderne Liebesgedicht kaum mehr kennt. Das lyrische Subjekt muß sich nicht nur seiner eigenen Gefühle, sondern auch der Gegenliebe sicher sein. Zweimal betont es daher ohne den geringsten Zweifel die Gleichgestimmtheit des Fühlens („Wie lieb ich dich! Wie liebst du mich!" – „Wie ich dich liebe . . . Wie du mich liebst.") Nur aufgrund dieser Gewißheit kann das Ich die Liebe als „Glück" und „Lust" empfinden statt als existentielle Bedrohung. Es ist der Glaube an die *glückliche Liebe,* die Goethes Leben unerschütterlich trägt.

Neben der Selbstgewißheit des lyrischen Ichs trägt im „Maifest" auch eine große soziale Zuversicht zur positiven Grundstimmung bei. Die Bereitschaft zum bedenkenlosen Aussprechen der subjektiven Gefühle, zum Sich-der-Welt-Mitteilen, kann nur von einem Ich ausgehen, das sich mit der Gesellschaft und der Natur in einem intakten Verhältnis weiß. Kommunikationspartner des Gedicht-Subjekts ist ja nicht nur die Geliebte, sondern die ganze Welt ist einbezogen und soll teilnehmen am Glück des Individuums. Ein solches Ur-Vertrauen ist dem Lyriker der Moderne gänzlich abhanden gekommen, weshalb sich das Ich in der neueren Liebeslyrik mehr und mehr monologisch ‚einigelt' und sich auch dem geliebten Du entfremdet. Goethes Liebesdichtung steht dieser Entwicklung noch ganz fern.

Harmonie von Ich und Welt

Man muß bei der Sesenheimer Lyrik und insbesondere dem „Maifest" allerdings bedenken, daß sie von der unbefangenen Jugendlichkeit Goethes geprägt ist. Es schwingt darin noch die enthusiastische Überzeugung mit, daß dem glücklichen Augenblick der Liebe unbegrenzte Dauer gewährt sei. Das meinen die optimistischen Schlußverse des Gedichts: So wie du mich ewig lieben wirst, so wirst du auch glücklich sein. Der Blick richtet sich am Ende nicht nur auf die Gunst des gegenwärtigen Moments, sondern auch auf die Zukunft. Aber es ist ein flüchtiger Blick, der die Stimmung nicht weiter trübt. In der eigenen Lebenswirklichkeit stehen Goethe die schmerzlichen Erfahrungen des Liebes-

Dauer der Liebe

verlusts und der Entsagung noch bevor. Das bewirkt in seiner späteren Lyrik eine gedämpftere Atmosphäre, eine gezügelte Formensprache und einen höheren Grad an Reflexivität. Die positive Grundauffassung der Liebe als „Krone des Lebens" bleibt mit veränderten Akzenten dennoch bewahrt.

Gedichte für Frau von Stein

Der wichtigsten Frauengestalt in seinem Leben, Charlotte von Stein, widmete Goethe das großartige Liebesgedicht „Warum gabst du uns die tiefen Blicke". Sie erhielt es 1776 mit einem Brief. Der ‚private' Charakter des Gedichts läßt sich an der Tatsache ablesen, daß Goethe es nie zum Druck gegeben hat und eine Veröffentlichung erst 1848 erfolgte. Charlotte von Stein war, im Gegensatz zu den jugendlich-naiven Mädchen, denen der Dichter im allgemeinen seine Zuneigung geschenkt hat, die überlegene, reife Frau, der er sich unterwarf. Sie war verheiratet, und so kam Erfüllung im Sinne der sonstigen Liebesverhältnisse nicht in Betracht. Schon aufgrund der biographischen Voraussetzungen wird verständlich, daß das Gedicht in der gesamten Haltung vom „Maifest" grundverschieden sein wird.

Warum gabst du uns die tiefen Blicke

Warum gabst du uns die tiefen Blicke,
Unsre Zukunft ahndungsvoll zu schaun,
Unsrer Liebe, unserm Erdenglücke
Wähnend selig nimmer hinzutraun?
Warum gabst uns, Schicksal, die Gefühle,
Uns einander in das Herz zu sehn,
Um durch all' die seltenen Gewühle
Unser wahr Verhältnis auszuspähn?

Ach, so viele tausend Menschen kennen,
Dumpf sich treibend, kaum ihr eigen Herz,
Schweben zwecklos hin und her und rennen
Hoffnungslos in unversehnem Schmerz;
Jauchzen wieder, wenn der schnellen Freuden
Unerwart'te Morgenröte tagt.
Nur uns armen liebevollen beiden
Ist das wechselseit'ge Glück versagt,
Uns zu lieben, ohn' uns zu verstehen,
In dem andern sehn, was er nie war,
Immer frisch auf Traumglück auszugehen
Und zu schwanken auch in Traumgefahr.

Glücklich, den ein leerer Traum beschäftigt!
Glücklich, dem die Ahndung eitel wär'!
Jede Gegenwart und jeder Blick bekräftigt
Traum und Ahndung leider uns noch mehr.
Sag', was will das Schicksal uns bereiten?
Sag', wie band es uns so rein genau?
Ach, du warst in abgelebten Zeiten
Meine Schwester oder meine Frau;

Kanntest jeden Zug in meinem Wesen,
Spähtest, wie die reinste Nerve klingt,
Konntest mich mit *einem* Blicke lesen,
Den so schwer ein sterblich' Aug durchdringt.
Tropftest Mäßigung dem heißen Blute,
Richtetest den wilden irren Lauf,
Und in deinen Engelsarmen ruhte
Die zerstörte Brust sich wieder auf;
Hieltest zauberleicht ihn angebunden
Und vergaukeltest ihm manchen Tag.
Welche Seligkeit glich jenen Wonnestunden,
Da er dankbar dir zu Füßen lag
Fühlt' sein Herz an deinem Herzen schwellen,
Fühlte sich in deinem Auge gut,
Alle seine Sinnen sich erhellen
Und beruhigen sein brausend Blut.

Und von allem dem schwebt ein Erinnern
Nur noch um das ungewisse Herz,
Fühlt die alte Wahrheit ewig gleich im Innern,
Und der neue Zustand wird ihm Schmerz.
Und wir scheinen uns nur halb beseelet,
Dämmernd ist um uns der hellste Tag.
Glücklich, daß das Schicksal, das uns quälet,
Uns doch nicht verändern mag.

Johann Wolfgang von Goethe

Gemessene Form

In seiner weitausholenden Formgebung mit drei achtzeiligen Strophen, einer zwölfzeiligen und einer sechzehnzeiligen sowie dem ernsten fünfhebigen Trochäus der Verse läßt sich kein stärkerer Gegensatz zum Sesenheimer Lied vorstellen. Die zweifelnde Gedankenschwere des liebenden Ichs mit einer Fülle von Fragen benötigt zur poetischen Entfaltung offenbar die größere Form, während dem seiner Liebe selbstverständlich sicheren Ich ein knapper, expressiver Ausdruck genügt. An die Stelle des stürmisch vorwärtsdrängenden Rhythmus des „Maifest" tritt ein gemessenes, besonnenes Tempo.

Herrscht im „Maifest“ die Freude über das gegenwärtige Glück, in welche die gesamte Natur einbezogen ist, so richtet sich jetzt der Blick auf den nach außen hin abgeschlossenen Innenraum der Liebesbeziehung und ihrer ungewissen Zukunft. Der Gedanke an die Dauer der Liebesbeziehung klang im frühen Gedicht am Schluß nur beiläufig an, während nun das Gedicht gerade mit diesem Vorausblick sorgenvoll einsetzt. Das unbeschwerte Erleben der Zuneigung weicht dem Drang, sich über sie und das geliebte Du durch reflektierendes Erkennen eine Klarheit zu verschaffen (das „wahr Verhältnis“), die für die unmittelbare Liebesgewißheit des lyrischen Ichs im „Maifest“ wie von selbst gegeben ist. Die dort herrschenden Empfindungen der harmonisch ungetrübten Liebe finden sich im Gedicht für Charlotte als vielfältig gebrochene, schwer durchschaubare Gefühle wieder, die in Vers 7 als „seltene Gewühle“ bezeichnet werden.

Zwanghaftes Ergründen der Liebe

In der 2. Strophe stellt das lyrische Subjekt seinem Zustand die ganz andere Situation der übrigen Menschen gegenüber. Ihre naive, schwärmerische Liebesbegeisterung beruht darauf, daß sie sich blind dem Erlebnis hingeben. Sie suchen den Partner nicht in seinem wahren Selbstsein zu erfassen, sondern verklären ihn zu einer Wunschgestalt („was er nie war“). So schaffen sie sich ein „Traumglück“ (Vers 19), das der Wirklichkeit nicht entspricht (eben kein „wahr Verhältnis“ ist) und der ständigen Gefahr des Irrtums („Traumgefahr“, Vers 20) ausgesetzt ist. Genau dieses Glück der unreflektierten Liebe hat das lyrische Ich im „Maifest“ erlebt. Den Liebenden des Gedichts „Warum gabst du uns“ bleibt es gänzlich versagt. Deshalb ist auch der innige Zusammenhang zwischen ihnen und der Welt der anderen zerrissen; der vormals einheitliche Liebesbegriff zerfällt in zwei unterschiedliche Bedeutungen. Das lyrische Ich formuliert angesichts seiner eigenen ungewissen Situation die naiven Erlebnismöglichkeiten der anderen mit neidvollem Blick („Glücklich, den ein leerer Traum beschäftigt“). Es besteht kein Zweifel, daß Goethe seine unbeschwert glückliche Liebesbegegnung mit Friederike Brion und das schwierige Verhältnis zu Charlotte von

Glück der Naivität

Verlust naiver Glücksmöglichkeit

Stein als einen solchen Gegensatz gedeutet und in den beiden grundverschiedenen Gedichten poetisch ‚verarbeitet' hat.

Geläuterte Sinnlichkeit

In der 4. Strophe lenkt das lyrische Ich den Blick auf die Wirkungen, welche die Liebe und die Geliebte auf seine Haltung ausüben. Im Zentrum steht der sittlich läuternde Einfluß der Frau. Mit Hilfe geläufiger Sinnlichkeitsmetaphern („heißes Blut, brausendes Blut, wilden, irren Lauf") bekennt sich das Ich zu seinem erotischen Verlangen. Die Geliebte mäßigt und beruhigt die Leidenschaftlichkeit und lenkt den Eros auf die Bahn der unsinnlichen Seelenliebe. Eine in Goethes früherer Lyrik unbekannte ethische Komponente dringt jetzt in den Liebesbegriff ein. Das Ich ruht in den „Engelsarmen" der Geliebten, es fühlt sich in ihrem Auge „gut". Statt Besitz bedeutet es ihm höchstes Glück, „dankbar" zu ihren Füßen zu liegen. Statt der Erfüllung leidenschaftlicher Wünsche erfährt das lyrische Subjekt, daß „Alle seine Sinnen sich erhellen" (Vers 43). Das dunkle Begehren lichtet sich zur Klarheit einer lauteren Haltung gegenüber der Frau. Wir werden diesem Gedanken von der sittlichen Steigerung des Lebens durch die reine Liebe vor allem in der mittelalterlichen Minnelyrik begegnen (vgl. Kapitel 10). Für Goethe bedeutet er „eine Wandlung im Verstehen des Liebesvorgangs", ein Vorzeichen der klassischen Stufe (A. Henkel, Entsagung. Tübingen 1954, S. 134 f.). „Liebe ohne Besitz", Entsagung im Erotischen und die Vergeistigung der Liebe zum harmonischen Seeleneinklang sind durch eine gelöste Heiterkeit aufgewogen. Aber Goethes Gedicht schließt weniger heiter, als es die Stimmung der rückerinnerten Liebesbeziehung erwarten läßt. Die letzte Strophe führt die Liebenden nämlich in die unentschiedene Situation der Gegenwart zurück. Die Vorstellungen von der idealen, harmonischen Liebe haben dem lyrischen Ich zwar das schöne Ziel vor Augen geführt, wie dies aber in seiner gegenwärtigen Realität erreicht werden könnte, bleibt unklar. Am Ende steht nur eine Gewißheit: Wenn sich die Liebenden trotz aller Qual treu bleiben, gibt es eine Hoffnung auf die Wiederherstellung eines vormals erreichten Glücks.

Sittliche Steigerung durch Liebe

Neben dem Glanz des Reinen und Humanen, der von solch vergeistigter Liebe ausgeht, haftet ihr auch ein Zug von Unwirklichkeit an. Eduard Spranger nennt den „Drang nach Seeleneinheit und Seelenschönheit ein *ästhetisches Lebensideal*“ (Goethe, Tübingen 1956, S. 406). Von der Frau, die für Goethe diesen Seelenadel besaß, beurteilt Gert Ueding, daß der Dichter aus ihr „eine Kunstfigur, ein *Idealbild* als Adressatin seiner Liebe“ gedichtet habe (Klassik und Romantik. Hansers Sozialgeschichte der deutschen Literatur, Bd. 4, 2. dtv 4346. München 1987, S. 626). Und Barker Fairley nennt Charlotte von Stein „Goethes unzertrennliche Gefährtin und unerreichbare Madonna, sein *Ideal* und anderes Ich“ (Goethe, dargestellt in seiner Dichtung. Frankfurt 1968, S. 35).

Idealisierung der Frau

Diese drei übereinstimmenden Äußerungen zu dem Komplex der Liebeslyrik für Frau von Stein veranschaulichen sowohl den außergewöhnlichen Rang der Liebesauffassung als auch ihre Problematik. Die Erfüllung der Ansprüche, welche die ideale Liebe an den Menschen stellt, verlegt das Gedicht in eine vergangene, irreale Welt. Es konkretisiert seine Idee mit poetischen Mitteln, indem es vor der Realsphäre des Gedichts (die Gegenwart der Liebenden) in einen fiktiven Raum (die „abgelebten Zeiten“, Vers 27) eines früheren Lebens ausweicht. Eine Antwort darauf, wie das Ideal der reinen Liebe in der erlebten Gegenwart bewahrt werden kann, gibt der Text nicht mehr.

Liebe als Ideal

Stellen wir das Gedicht „Warum gabst du uns die tiefen Blicke“ in den Lebens- und Werkzusammenhang Goethes, so können wir sagen, daß es – zusammen mit anderen Gedichten an Charlotte von Stein – eine wichtige Stufe der Reife repräsentiert, auf der die seelisch-geistige Seite der Liebe die naturhaftsinnliche überragt. Die Haltung ist der im „Maifest“ herrschenden ganz entgegengesetzt. Diese Kontraposition verlangt im Leben wie in der Dichtung nach versöhnendem Ausgleich. Die nachfolgende Liebeslyrik Goethes legt Zeugnis davon ab, wie die beiden Stufen in einer höheren Ausgewogenheit aufgehoben werden.

Ausgleich zwischen Seelenliebe und Sinnentrieb

In der Liebeslyrik der „Römischen Elegien“ (1788–1790) unternimmt Goethe den Versuch, die natürlich-sinnliche Komponente der Liebe zu ihrem Recht kommen zu lassen und mit der geistig-seelischen Existenz des Menschen in Einklang zu bringen. Die heitere, harmonische Grundhaltung der Gedichte steht in deutlichem Gegensatz zu der Lie-

Späte Liebeslyrik

beslyrik für Charlotte von Stein, sie übersteigt aber auch die jugendliche Unbefangenheit des „Maifest". Eine vergleichbare Stimmung herrscht im großen Gedichtzyklus des „West-östlichen Divan" (1819/1827). Allerdings erfährt der Liebesbegriff hier eine für Goethes Spätwerk charakteristische Verknüpfung mit religiösen Motiven und Symbolen. Als Beispiel für diese reife Lyrik wählen wir das 1814 entstandene Schlußgedicht des 1. „Divan"-Buches.

Selige Sehnsucht

Sagt es niemand, nur den Weisen,
Weil die Menge gleich verhöhnet,
Das Lebendge will ich preisen,
Das nach Flammentod sich sehnet.

In der Liebesnächte Kühlung,
Die dich zeugte, wo du zeugtest,
Überfällt dich fremde Fühlung,
Wenn die stille Kerze leuchtet.

Nicht mehr bleibest du umfangen
In der Finsternis Beschattung,
Und dich reißet neu Verlangen
Auf zu höherer Begattung.

Keine Ferne macht dich schwierig,
Kommst geflogen und gebannt,
Und zuletzt, des Lichts begierig,
Bist du Schmetterling verbrannt.

Und so lang du das nicht hast,
Dieses: Stirb und werde!
Bist du nur ein trüber Gast
Auf der dunklen Erde.

Johann Wolfgang von Goethe

Gedanken- statt Erlebnisgedicht

Im Gegensatz zu den beiden anderen Goethe-Gedichten spricht das lyrische Ich dieses Textes nicht von einem bestimmten Liebeserlebnis, sondern es verkündet aus gedanklicher Distanz eine allgemeine Einsicht über die Liebe. Demzufolge ist die Sprechweise des Gedicht-Subjekts nicht leidenschaftlich, sondern mitteilend-belehrend. Die Du-Anrede mit ihrem Selbstgesprächscharakter richtet sich an den verständnisbereiten Leser („Weisen") und macht ihn zum Mitwisser der ‚Lehre'. Das vertrauliche „Du“ stellt so eine Gemeinschaft her, von der die „Menge“ ausgeschlossen bleibt.

Goethes Symbolik

Die große poetische Kunst des Gedichts besteht vor allem darin, daß es seine Aussage nicht in argumentierenden Begriffen mitteilt, sondern durch gleichnishafte Bilder, die in einem zentralen Symbol zusammengefaßt werden. Solche Bildsymbole gehören zu den wichtigsten Elementen der Goetheschen Lyrik, und von ihrem Verständnis hängt es ab, ob wir den Sinn des Gedichts erfassen. Goethe hat sich zur symbolischen Gestaltungsweise in der Dichtung selbst geäußert: „Die Symbolik verwandelt die Erscheinung in Idee, die Idee in ein Bild, und so, daß die Idee im Bild immer unendlich wirksam und unerreichbar bleibt“. (Maximen und Reflexionen Nr. 749. Goethes Werke, Bd. 12. Hg. v. E. Trunz. Hamburger Ausgabe. München 1973, S. 470). Goethe will damit folgendes ausdrücken: In der Erscheinung, d. h. in einem konkreten menschlichen Erlebnis, kann eine bedeutsame Erkenntnis über das Leben, also eine allgemeine Idee vorhanden sein; diese Idee drückt der Dichter in einem (Natur-)Bild so aus, daß immer, wenn wir das Bild wahrnehmen, wir uns der Idee bewußt werden, ohne sie genauer benennen zu können.

Symbol des Falters

Das zentrale Bildsymbol des Gedichts „Selige Sehnsucht“, von dem die Interpretation ausgehen muß, erblicken wir im tödlichen Flug des Falters in die Kerzenflamme. Um seinem tieferen Sinn näherzukommen, müssen wir den Kontext des gesamten Gedichts zu Hilfe nehmen. Im 4. Vers der Anfangsstrophe erfahren wir, daß dem Todesflug des Schmetterlings ein „Sehnen“ zugrunde liegt, das in Vers 11 zum „Verlangen“ und in Vers 15 zur „Begierde“ („des Lichts *begierig*“) gesteigert wird. Diese Begriffe entstammen dem erotischen Bereich und dienen zur Beschreibung der menschlichen Liebesleidenschaft. Die Kerze gehört mit ihrem Leuchten zu den „Liebesnächten“ (Strophe 2) und versinnbildlicht die sich selbst verzehrende Liebe. Sie ist ein Bild für die Leben spendende und erhaltende Kraft des Eros. Er brachte das lyrische Ich ins Dasein, und dieses selbst wiederum verbraucht sich, um durch die Liebe neues Leben hervorzubringen (Vers 6). Im

Symbol der verbrennenden Kerze

Sinne dieses Gedankengangs versteht man, weshalb Goethe dem Gedicht ursprünglich den Titel „Selbstopfer“ gab. Mit dem „zeugen“ und „gezeugt werden“ gibt das Ich immer ein Stück seiner Existenz an das allgemeine Leben ab. Die Liebe ist in diesem Zusammenhang und auf dieser Stufe durchaus als leidenschaftlicher Sinnentrieb zu verstehen. Sie gleicht dem Feuer, in dem der von Sehnsucht erfüllte Liebende wie der Falter verbrennt.

Liebe: Sich selbst verzehren

Das Symbol setzt die Liebe als Ur-Kraft des Lebendigen in eine seltsame Verbindung zum Tod. Das klingt zunächst paradox; es bekommt aber einen schlüssigen Sinn, wenn wir verstehen, was mit dem Tod hier gemeint ist. Im Bildgleichnis der sich selbst verzehrenden Kerze (Liebe) gibt das Gedicht eine anschauliche Erklärung. Das Wachslicht verbraucht seine materielle Substanz, um Wärme und Licht zu erzeugen. In seinem Vergehen (Sterben) bringt es etwas Neues hervor und verändert sich dabei selbst. Die geradezu wie ein ‚Kommentar‘ angefügte Strophe 5 formuliert diesen Bildsinn mit dem Begriffspaar „Stirb und werde!“ Das heißt nichts anderes, als daß sich in der Liebe – als „Flammentod“ – ein solches Sterben vollzieht, in dem gleichzeitig ein neues Werden anwesend ist. Der symbolische Tod ist also nicht als Vernichtung zu verstehen, sondern als Verwandlung. Er weist hin auf eine Erneuerung des Menschen durch die freiwillige Selbstpreisgabe eines bestimmten Zustandes, um dadurch eine andere Seinsform zu erreichen. Darin liegt die *Idee*, der Goethe im zentralen Bildsymbol Ausdruck verleiht:

Wesenswandlung durch Liebe

In der Liebesbegegnung erfährt das Ich eine tiefgreifende Wesensveränderung, und die Bereitschaft dazu nennt der Dichter „Selige Sehnsucht“. Sie bezeichnet den unaufhörlichen Drang des wahrhaft „Lebendgen“ zur ständigen Wandlung. Und „selig“ ist sie, weil der Wille und die Möglichkeit der andauernden Erneuerung das Ich mit glücklicher Heiterkeit erfüllen, im Gegensatz zu der quälenden Sorge derer, die um Erhalt und Bestand ihrer Lebensform bangen.

„Ein trüber Gast“ – Licht-Symbolik

Der Mensch, dem die Wandlungsbereitschaft fehlt, ist für das lyrische Ich ein „trüber Gast“. Goethe bedient sich hier der Licht-Symbolik, um den tiefgreifenden Unterschied in den Lebenshaltungen ebenfalls im Bild darzustellen. Dem starr am erreichten Zustand festhaltenden, unlebendigen Menschen wird das Dunkle zugeordnet (Vers 20). Er bleibt von den „Schatten“ der „Finsternis umfangen“ (Vers 9/10). Es drängt und zieht ihn nicht zum Hellen, Leuchtenden, zum Licht wie seinen Gegenpart, und daher kennt er auch nicht die Flamme der verzehrend-verwandelnden Liebesleidenschaft. Liebe bleibt für ihn ein dumpfes Geschehen von Zeugung und Gezeugtwerden.

Symbole der Bewegung

Diese zusätzliche und überaus wichtige Sinndeutung ergibt sich aus den Symbolen der Bewegung. Der wahrhaft von Liebe Erfüllte ist zum leichten Überfliegen aller Fernen befähigt (Strophe 4). Er ist also ganz und gar nicht an die „dunkle Erde“ gefesselt. Sein Flug aber vollzieht sich in sichtlicher Aufwärtsbewegung – wie ja auch die Flamme nach oben hin verbrennt. Es „reißt“ ihn hinauf, lesen wir in der 3. Strophe. In dieser Bewegungsrichtung verbirgt sich ein tieferer religiöser Sinn, der sich von der 2. Strophe aus erschließt. Die heiße Liebesumarmung mündet durch die Erfüllung in einen Zustand sinnlicher Beruhigung („Kühlung“). Ineins damit entsteht eine unerklärliche Sehnsucht der Seele („fremde Fühlung“: Gefühl), die auf die Vereinigung mit einer nicht näher bezeichneten, geheimnisvollen Macht drängt („höhere Begattung“), in der sich das Erreichen einer höheren, reineren Seinsstufe andeutet. Durch die Sphäre der erotischen Liebe hindurch – sie hinter sich lassend – vollziehen sich die Wandlungen des Ichs. Sie sind nicht als beliebige Veränderungen zu begreifen, sondern als *Steigerungen* des Wesens vom Sinnlichen hin zur geistig-seelischen Vollendung. „Vollendung“ lautete denn auch der zweite Titel unseres Gedichts. Anklänge an die Idee der sittlichen Steigerung finden sich schon im Läuterungsgedanken des Gedichts „Warum gabst du uns die tiefen Blicke“. Allerdings sind Verzicht auf Erfüllung und Triumph der Entsagung dort noch begleitet von trauernder Klage, während sie in ‚Selige Sehnsucht‘ durch den Gedanken der Wesenswandlung eine uneingeschränkt positive Bedeutung erhalten. Aus jeder ergreifenden Liebesbegegnung,

Steigerung zur höchsten Vollendung

so sieht es der rückblickende Goethe, geht der Mensch als gesteigerte, reichere Persönlichkeit hervor.

Goethes Liebeslyrik stellt sich dar als ein uneingeschränktes, positives Bekennntnis zur Liebe in all ihren Erscheinungsformen. Seiner Vorstellung von Harmonie entsprach es, die natürlich-sinnlichen und geistig-seelischen Momente der Liebe zusammenzuführen. So begegnen wir der Vorstellung von einem universalen Begriff der Liebe, der alle Wesen des Kosmos bestimmt. Andererseits wirkt in der Liebe auch eine sittlich läuternde, von Leidenschaft befreite Kraft und ein Drang des Menschen, sich durch Liebe zur Vollendung zu steigern.

Tändelei und wahre Empfindung in der Liebeslyrik des 18. Jahrhunderts

Im Zeitalter der Aufklärung (18. Jahrhundert) treffen zwei literarhistorische Strömungen zusammen: das Rokoko und die Empfindsamkeit. Die Lyrik des Rokoko greift mit ihren anakreontischen Gedichten die Tradition der Liebesdichtung als heiter-spielerischer Kunstform auf (Peter Uz). Dagegen werden wir in der empfindsamen Lyrik (Klopstock) das Eindringen neuer Gefühlsgehalte beobachten.

An Chloen

Ich merke, wann sich Chloe zeiget,
Daß nun mein Auge nicht mehr schweiget;
Daß Suada nach den Lippen flieget
Und glühend roth im Antlitz sieget;
Daß alles sich an mir verjüngt,
Wie Blumen, die der Thau durchdringt.

Ich seh auf sie mit bangem Sehnen,
Und kann den Blick nicht weggewöhnen:
Die Anmuth, die im Auge wachet
Und um die jungen Wangen lachet,
Zieht meinen weggewichnen Blick
Mit güldnen Banden stets zurück.

Da strömt mein Blut mit schnellen Güssen;
Ich brenn', ich zittre, sie zu küssen;
Die Glut verstirbt in meinen Blicken
Und Ungedult will mich ersticken,
Indem ich immer Sehnsucht voll
Sie sehn und nicht umarmen soll.

Johann Peter Uz

Lyrik als gesellige Unterhaltung

Gesellige Liebeslyrik in der Art dieser Verse ist zwischen 1750 und 1800 weit verbreitet, und sie findet sich mit ihren rokokohaft verspielten Formen noch bei Lessing und dem jungen Goethe. Peter Uz zählte als Autor zahlreicher amourös-heiterer Gedichte zu den beliebtesten Autoren des Jahrhunderts. Daß Texte wie der vorliegende uns nicht unmittelbar ‚ansprechen' oder ergreifen, darf uns nicht verwundern. Der Grund dafür liegt nicht nur in der historischen Ferne, sondern emotionale Spontanwirkungen sind von dieser Dichtung gar nicht beabsichtigt. Sie dürften schon bei den Zeitgenossen nicht eingetreten sein. Unser Interesse an dem Genre ist vorwiegend literatur- und motivgeschichtlich begründet, und die Beschäftigung mit ihm kann unser Verständnis für die Verschiedenartigkeit und Vielfalt der Liebesdichtung insgesamt erweitern.

Titelfigur ‚Chloe'

Bei der Analyse des Gedichts, mit der wir eine Annäherung an den Problemkreis erreichen wollen, sorgt bereits der Titel für erste Irritationen. Die hier angesprochene ‚Chloe' erweist sich nämlich als bekannte Figur der europäischen Hirtendichtung (Bukolik) und findet sich bereits in den Liebesversen des griechischen Anakreon (um 572–488 v. Chr.). Nach seinem Vorbild hat man diese Lyrik ‚Anakreontik' genannt. In den deutschen Nachbildungen der anakreontischen Schäfergedichte, u. a. bei Gleim (1719–1803), Jacobi (1743–1819), Weisse (1726–1804), finden wir zahlreiche Gedichte, in denen ‚Chloe' besungen wird. Was bedeutet das für den Text von Peter Uz? Der Dichter spricht hier – anders als Novalis' „An Julien" oder Eichendorffs „An Luise" (vgl. Kapitel 6) – nicht eine bestimmte Frau an, mit der ihn ein Liebesverhältnis verbindet. Er bezieht sich vielmehr auf eine literarische Gestalt, die in einer sehr alten Tradition steht. Beim wissenden Leser des 18. Jahrhunderts ruft die Nennung des Namens ‚Chloe' die gängigen Erwartungen der anakreontischen Liebeslyrik mit ihren überlieferten Bestandteilen (Klischees) her-

Anakreontische Tradition

vor: Das lyrische Ich erscheint in der Rolle des Schäfers, das Geschehen ist eingebettet in eine künstlich arrangierte, idyllische Naturszenerie mit Bach, Teich, schattiger Wiese, baumbewachsenen Hainen (vgl. „Ein Traum", RUB, S. 106 oder „Der Schäfer", Conrady, S. 170). Uns ist diese Tradition nicht mehr vertraut, aber wir müssen uns ihre Bedeutung für das Textverständnis bewußt machen.

In seinem Gedicht „An Chloe" konzentriert Uz den poetischen Vorgang ganz auf die Empfindungen des

Ich-Perspektivik

Gedicht-Subjekts. Der Geliebten wird in den Versen 9 und 10 Raum gegeben, jedoch nur, um die Wirkung ihrer Anmut auf das Ich zu schildern. Im Schlußvers läßt sich indirekt erkennen, daß sie eine abweisende

Haltung gegenüber dem lyrischen Ich einnimmt, aber sonst kommt ihr keine personale Eigenbedeutung zu.

Bildgebrauch

Die Kunst des Gedichts besteht vor allem darin, daß es dem Autor gelingt, die Gefühle des Liebenden so zu veranschaulichen, daß die benutzten Bilder und Vergleiche nicht beliebig aneinandergereiht sind, sondern einen sinnvollen Zusammenhang ergeben. Nur dann nämlich, wenn die Einzelbilder über sich hinausweisen, gewinnen sie eine umfassende Bedeutung für das gesamte Gedicht.

Metaphorik des Sehens

Im vorliegenden Text entfalten die Metaphern aus dem Bereich des Sehens eine solche übergreifende Wirkung. Dreimal erscheint das Wort „Blick", zweimal das „Auge", zweimal das Verb „sehen". Gleich zu Beginn übernimmt das „Auge" eine wichtige Funktion, nämlich das Reden, zu dem das lyrische Subjekt sich anders nicht imstande fühlt. Es heißt zwar in Vers 3 „Daß Suada", also Redseligkeit, „*nach* den Lippen flieget", aber käme der verschüchterte Liebende wirklich zum Aussprechen seiner Empfindungen, sollte es doch „*von* den Lippen flieget" heißen. Gesprochen wird hier nur mit ‚optischen' Mitteln.

Vor allem in der Mittelstrophe entwickelt sich ein stummer Dialog der Blicke. Ihr Hauptthema ist der Zwang der Faszination, unter dem das lyrische Ich steht. Was seine Blicke so magisch und immer wieder neu anzieht, ist die „Anmuth" des Mädchens. Sie hält den Blick des lyrischen Subjekts gleichsam am Bande fest und zwingt ihn zu stetem Anschauen. Doch auch der Gegenblick der Geliebten tut seine Wirkung – ist es doch die Anmut in ihren Augen, die den Sprecher bezaubert. So vollzieht sich die fiktive Begegnung der Gedicht-Figuren vor allem als Spiel und Widerspiel der Augen, als zwar unschuldiges, aber überaus sinnliches Zwiegespräch.

Wortspiel „sehen" – „sehnen"

Uz bedient sich überdies eines raffinierten Wortspiels, indem er „sehen – sehnen – Sehnsucht" so geschickt verkoppelt, daß der Eindruck entsteht, „sehen" und „sehnen" seien etymologisch verwandt und sachlich zusammengehörig. In Vers 7 lautet die Verknüpfung „Ich sah auf sie mit Sehnen", in Vers 18 „ich immer Sehnsucht voll Sie sehn . . . soll". Die suggestive Wirkung, die von der Verbindung ausgeht, beruht nicht nur auf der Klangähnlichkeit der Wörter – in ihrer Herkunft sind sie ganz verschieden –, sondern auch auf der Tatsache, daß das Anschauen Sehnsucht auslöst und umgekehrt Sehnsucht das Anschauen veranlaßt. Auf diese Weise wird das Wort „Sehnsucht" mit seiner Grundbedeutung „krankhaftes Liebesverlangen" unter der Hand umgedeutet zur Sucht, die Geliebte anzusehen. Wir haben diese Blick-Metaphorik etwas ausführlicher erläutert, um zu zeigen, welch hohes Kunstbewußtsein in den zunächst belanglos erscheinenden Zeilen am Werk ist. Die Bedeutung des Metaphernkomplexes „sehen" für die Gesamtaussage des Gedichts reicht natürlich noch weiter, insofern die ganze Liebessituation sich im Anschauen erschöpft und weitere Erfüllungen versagt bleiben.

Glut-Metaphorik, Metaphern des Organischen

Ein zweiter wichtiger Bildkomplex tritt uns in der traditionellen Glut-Metaphorik entgegen: als verräterisches Erröten in Vers 4, im Verb „brennen" (Vers 14) und als versterbende (= sich verzehrende) „Glut" der Blicke (Vers 15). Der uns allen geläufige Metapherngebrauch („Feuer der Liebe") wird von Uz durchaus differenziert eingesetzt. Das „glühend roth" der Wangen benennt eine äußerliche Erscheinung, während das „Ich brenn'" der 14. Zeile einen übertragenen Sinn meint. Diese gewissermaßen ‚physiologischen' Symptome der Liebe werden in der Schlußstrophe weiter vermehrt: das Strömen des Blutes durch erhöhte Herztätigkeit (Vers 13), das Zittern als Muskelreaktion auf die innere Erregung (Vers 14) und die von der Ungeduld bewirkte Atemnot (Vers 16) – alles Vorgänge, die in den Bereich des Organischen verlegen, was seelischen Ursprung besitzt.

Es ist sicher kein Zufall, daß Uz seine Sprachbilder aus dem Bereich des Körperlichen herleitet. Wenn wir uns fragen, wodurch die Liebessehnsucht des lyrischen Ichs eigentlich geweckt wird und worauf sie sich richtet, dann stoßen wir gleichfalls auf rein sinnliche Phänomene. Der äußere Liebreiz („Anmuth") der Chloe bewirkt die erotische Anziehung.

Jugendlichkeit und erotische Anziehung

Anmut – das ist Klischee in der Liebeslyrik – geht stets mit Jugendlichkeit einher, weshalb die Anfangsstrophe auch die verjüngende Wirkung der Liebe auf das lyrische Subjekt betont, und zwar als eine äußere Veränderung: es heißt „*an* mir verjüngt" und nicht *in* mir. Wenn der jugendliche Goethe im „Maifest" (8./9. Strophe) sagt „Die du mir Jugend ... gibst" (vgl. Kapitel 7), so greift er diese formelhafte Vorstellung des Rokoko auf, daß zur Liebe die Jugend gehöre. Schon für die barocke Liebesdichtung ist diese Konstellation verbindlich (vgl. Kapitel 9).

Sinnliches Verlangen

Wie die körperliche Anziehung den Ausgangspunkt der Liebe bildet und ihre Wirkungen sich vor allem im Organischen zeigen, so richtet sich auch ihr Zielpunkt auf das Körperliche. Nach dem „Küssen" und „Umarmen" steht der Sinn des Liebenden. Daß die Zuneigung über dieses körperliche Interesse hinausgeht oder seelisch motiviert ist, läßt sich im Gedicht nirgendwo erkennen. Die Liebesauffassung des Textes charakterisiert sich aufgrund unserer Beobachtungen vorwiegend durch die sinnlichen Wunschvorstellungen des lyrischen Ichs. Ein Blick auf weitere Gedichte von Hagedorn (1708–1754), Gleim, Götz (1721–1781), Uz und Weisse (RUB, S. 101–109) bestätigt diese dominierende Tendenz zur Sinnenfreude und zum bereitwilligen Genuß der sich bietenden Gelegenheiten. Wo sich der Gegenstand der Liebe verweigert – und das ist wie in „An Chloe" häufiger der Fall –, entsteht wohl Sehnsucht, aber kaum je als existenzerschütterndes Ereignis für das lyrische Individuum, sondern als Fortsetzung der erotischen Erregung, die ja die gesamte Schlußstrophe unseres Gedichts durchzieht.

Erotik und bürgerliche Moral

Die Motive der sinnlichen Liebe werden in der Rokokolyrik mit einer Freiheit behandelt, die das 19. Jahrhundert nicht kennt. Dennoch bleiben die Grenzen der bürgerlichen Moralauffassung des 18. Jahrhunderts weithin gewahrt. Entweder entzieht sich die Geliebte, wie Chloe, dem Ansinnen des Verehrers; oder die erotische Szene wird, wie die Entkleidung in Uzens „Ein Traum" (RUB, S. 106), einerseits als fingiertes Traumgeschehen von vornherein verharmlost und andererseits durch das vorzeitige Erwachen des Träumers vor einem undezenten Ende bewahrt. So löst sich in den meisten Gedichten dieser Art die erotische Spannung durch eine scherzhafte Schlußpointe auf. Trotz aller Freude am Sinnlichen wird die Norm des Sittlichen nicht gravierend verletzt.

Epikurs Lehre vom glücklichen Leben

Herbert Zeman hat die rokokohafte Poesie der Deutschen als „Begleiterin eines epikureischen Lebenswandels" bezeichnet (Die deutsche anakreontische Dichtung, Stuttgart 1972, S. 183). Die Lehre des Epikur (vgl. Kapitel 9) besteht im wesentlichen darin, daß sie den Gewinn von Glück und Lust und die Vermeidung von Unlust als Ziel des menschlichen Lebens betrachtet. Sie gibt nicht eine Empfehlung zum hemmungslos ausschweifenden Genießen, sondern rät zu maßvoller und vernünftiger Glückserfüllung. Die Lieder des römischen Dichters Horaz (65–8 v. Chr.) haben den Lyrikern des 18. Jahrhunderts die epikureischen Ideale vermittelt; sie preisen die Liebe und den Wein, Tanz, Geselligkeit und Freundschaften. Neben den Motiven der antiken Dichtung wirken aber, wie Zeman hervorhebt, „die bürgerliche Tugendmoral" und die „Freude am Schönen" in die anakreontische Liebesdichtung mit hinein.

Die Liebe, die auf diesem Nährboden gewachsen ist, steht der Leidenschaft in unserem Sinne sehr fern. Deshalb dürfen wir diese Gedichte keinesfalls als Ausdruck wirklich durchlebter Gefühle verstehen. Ihre Wesensmerkmale sind häufiger Reflexivität und Künstlichkeit als die Vermittlung psychischer Realität.

Liebe als künstliches Spiel

Dafür liefert uns das „Chloe"-Gedicht einige Hinweise. In der Schlußstrophe stellt sich das lyrische Subjekt als Opfer seiner Emotionen dar, das seiner Erregung kaum Herr werden kann, doch wirken seine übersteigerten Äußerungen eher theatralisch. Dann überrascht uns das Ich mit der Beobachtung, daß sich die Liebesglut in seinen Blicken verzehrt (Vers 15), was doch nur ein Gegenüber festzustellen vermöchte. In reflexiver Doppelung richtet der Sprecher den Blick betrachtend auf sich selbst und schafft so eine ungewollte Distanz zur Leidenschaftlichkeit seiner Gefühle.

Eine vergleichbare Konstellation herrscht auch in der 1. Strophe, wenn das lyrische Ich von der Verjüngung spricht, die sich an ihm – also von außen sichtbar – vollzieht. Die Formulierung setzt wiederum eine Position voraus, die der Ich-Sprecher nicht innehat. Aber die selbstbeobachtende Rolle der Figur bestimmt den Text von Beginn an: „Ich merke ... daß" (Vers 1/2). Die Verwendung des Verbs „merken" (= bemerken) statt „fühlen" oder „spüren" verleiht den nachfolgenden Mitteilungen eine Bewußtheit, die der vermeintlichen gefühlsbedingten Spontaneität zuwiderläuft.

Personifikation der Gefühle

Dazu kommen die häufig verwendeten Personifikationen. So erscheint in der Schlußstrophe die „Ungedult" gleichsam wie ein handelndes Subjekt und tritt dem Ich in verselbständigter Form als Eigenmacht entgegen. Dasselbe gilt von der „Anmuth", die als personifizierte Gestalt das Geschehen in der Mittelstrophe lenkt, wobei sie die Sehnsuchtsblicke des lyrischen Subjekts wie Marionetten an einem Faden bewegt. Auch die Anfangsstrophe beschreibt emotionale Reaktionen mit Hilfe der Personifizierung von Phänomenen. Es sind die Redseligkeit („Suada") und die Röte („glühend roth") selbst, die die entsprechenden Vorgänge unabhängig von der Figur ausführen.

Gespielte Leidenschaft

Die aktive Rolle des lyrischen Ichs, in der es sachlich und grammatisch als Subjekt auftritt, beschränkt sich im wesentlichen auf das Anschauen der Chloe („sehen") und die Selbstbeobachtung („merken"). Die leidenschaftlichen Empfindungen, die sich in ihm abspielen sollen und die sich in den Gefühlsbeteuerungen äußern, stehen mit der Person nur in einer rhetorischen Verbindung. Gerade durch ihre isolierende Verselbständigung weisen sie keinen Weg in das Innere.

Der künstliche Spielcharakter der Liebesbegeisterung, auf den man in der Rokokolyrik allenthalben stößt, gehört zur poetischen Grundkonzeption der Gattung. Das Figurenarsenal (Amor, Bacchus, Nymphen, Hirten und Schäfer, Chloris, Chloe, Galathee u. v. a.) besitzt ‚Realität' von Haus aus nur in der Dichtung. Die erotischen Situationen sind abstrakt oder wirklichkeitsfremd arrangiert. Ebensowenig beruhen die sich darbietenden Sinnenfreuden auf erlebbarer Wirklichkeit.

Erfinden erotischer Situationen

Die Dichtung besitzt in dieser Zeit noch überwiegend den ursprünglichen Sinn von „Erfindung", und das Erdichtete mag manchem Leser – wie vormals Platon – als das „Erlogene" vorkommen. So beurteilt jedenfalls Paul Kluckhohn die Werke insgesamt als nicht „echt" (Die Liebesauffassung, a. a. O., S. 162). Da sie aber diesen Anspruch nie erhoben haben, wird man ihnen mit solchen Kategorien nicht gerecht. Es lag nicht in ihrer Absicht, wahrhaftig erlebte Liebe poetisch zu reflektieren. Es wird vielmehr „die Möglichkeit gedachter Zustände und Situationen stilisiert ins mythologisch-allegorische Bild gekehrt, rhetorisch vorgetragen“ (H. Zeman in: Deutsche Dichter des 18. Jahrhunderts. Hg. v. B. v. Wiese. Berlin 1977, S. 151). Der Leser, der diese spielerische Poesie für eine Deutung der Wirklichkeit hält, muß sich getäuscht fühlen. Er geht davon aus, daß die Liebesdichtung *Erlebnisdichtung* sein muß. Diese Voraussetzung, die wir heute meist stillschweigend machen, trifft auf das 17. und 18. Jahrhundert nur selten zu. Darin liegt einer der Gründe, weshalb uns die Rokokolyrik so befremdet. Sie verfolgt nämlich eine Absicht, welche die heutige Literatur nicht mehr kennt: Sie will die Leser auf heiter-gesellige Weise unterhalten – auch mit Sehnsuchts- und Leidenschaftsgedichten wie „An Chloe“. Kein Thema übt ja eine so große Anziehungskraft auf den Leserkreis aus wie die Liebe, zumal dann, wenn sie sinnliche Reize entfaltet und geschmackvoll darbietet.

Anmutige Künstlichkeit in der Malerei

Wie gering die Bedeutung natürlicher Liebesempfindungen innerhalb der Rokoko-Kunst zu veranschlagen ist, läßt sich auch an der Malerei der Zeit ablesen. Erotische Szenen zeigen uns Männer und Frauen in grazilen Haltungen mit kunstreichen oder pathetischen Gebärden, aber niemals in herzlicher Umarmung. Es geht um die Präsentation von Anmut, Geschmack, idyllischer Stimmung und nicht um Seelentiefe oder Wahrheit der Gefühle. Das Ziel ist stets das Vergnügen des Rezipienten. Allein die Titel der Lyriksammlungen des Rokoko – „Versuch in Scherzhaften Liedern“ oder „Neue Belustigungen des Gemüths“ – belehren uns über die Absicht der Autoren. Damit knüpft

Zum Vergnügen des Lesers

diese Dichtung an einen wirkungsästhetischen Grundsatz des Horaz an, der im „delectare“ (sich erfreuen) eine zentrale Funktion der Kunst erblickte. Das geistreiche Amüsement, Freude und Lachen gelten dem 18. Jahrhundert als überaus wichtige Erlebniskategorien. Gerade der erotisch-sinnliche Bereich fügt sich in die spielerischen Grundtendenzen der Rokokolyrik wie von selbst ein. Nur mit ihm läßt sich ein kunstvoll artistisches Spiel treiben. Erscheinungsformen der Liebe, die sich als Verlangen nach geistig-seelischer Harmonie in tieferen Dimensionen der menschlichen Existenz äußern, bieten zum ästhetischen Vergnügen nicht den geeigneten Stoff. Sie sind dieser Lyrik gänzlich fremd geblieben. Selbst im Kontext des Sehnsuchtsmotivs, das häufig anzutreffen ist, suchen wir die Empfindungstiefe, wie sie sich etwa in Georges Versen ausspricht „Nun muß ich gar um dein aug und haar alle tage in sehnen leben“ (vgl. Kapitel 3), bei den Liebesdichtern des Rokoko vergeblich. Das erklärt sich daraus, daß die Sehnsucht sich lediglich auf das unverbindliche erotische Spiel mit der schönen Geliebten richtet.

Anfänge der ‚Bekenntnislyrik' bei Klopstock

Die Weiterentwicklung der heiter-tändelnden Dichtung des Rokoko hin zur empfindsamen Bekenntnislyrik verdankt ihre wichtigsten Impulse Klopstock (1724–1803). Sein Mitwirken bei der Ausformung der deutschen Lyriksprache ist kaum zu überschätzen. Daher lassen wir ihn hier mit einem seiner schönsten Gedichte zu Wort kommen:

Das Rosenband

Im Frühlingsschatten fand ich Sie;
Da band ich Sie mit Rosenbändern:
Sie fühlt' es nicht, und schlummerte.

Ich sah Sie an; mein Leben hing
Mit diesem Blick' an Ihrem Leben:
Ich fühlt' es wohl, und wußt' es nicht.

Doch lispelt' ich Ihr sprachlos zu,
Und rauschte mit den Rosenbändern:
Da wachte Sie vom Schlummer auf.

Sie sah mich an; Ihr Leben hing
Mit diesem Blick' an meinem Leben,
Und um uns ward's Elysium.

Friedrich Gottlieb Klopstock

Biographische Hinweise

Das Gedicht stammt aus dem Jahre 1753 und wurde 1775 erstmals unter dem Titel „Cidli" veröffentlicht. So nannte Klopstock seine Braut und spätere Frau Meta, und daher wissen wir, daß das Gedicht, welches 1798 als „Das Rosenband" erschien, einen realen Lebensbezug besitzt.

Texteindruck: Musikalität

Beeindruckend bei der Lektüre der Verse ist ihre außerordentliche Musikalität. Klangmalerei durch Vokalhäufungen, die reizvolle akustische Verbindung der ersten beiden Zeilen durch einen Kettenreim („fand ich Sie – band ich Sie"), die Pausierungen innerhalb der Verse (3, 4, 6 u. 10) und dadurch bewirkte Tempoverzögerungen, Enjambements (Verse 4, 5 u. 10, 11) mit einer gleitenden Beschleunigung, insgesamt das Vermeiden rhythmischer Gleichförmigkeit – das sind die wichtigsten formalen Strukturelemente. Die Balance zwischen Wiederholung und Variation (die Strophen 1 und 3 korrespondieren sehr genau mit 2 und 4) ist ein Kennzeichen von hoher sprachkünstlerischer Bewußtheit. Der Verzicht auf den Reim – eine Neuerung durch Klopstock – macht sich nirgends als Defizit bemerkbar. Obwohl schon die Anakreontiker der lyrischen Sprache eine Geschmeidigkeit verleihen, die sie zuvor im Barock nicht besitzt, erreicht Klopstocks Gedicht eine bis dahin unbekannte Formschönheit. Dazu gehört auch seine Kürze und infolgedessen die poetische Konzentration. „Lyrik verdichtet Zeit in den Augenblick“, schreibt Peter Wapnewski (Zumutungen. dtv 10010. München 1982, S. 40). In genau diesem Sinne faßt „Das Rosenband“ eine Liebesgeschichte, fast möchte man sagen: eine Lebensgeschichte, mit wenigen Bildern in 12 Verse zusammen.

Sprachliche Geschmeidigkeit

Spielerisch-anakreontische Elemente

Die äußere Szenerie des Geschehens ist typisch anakreontisch. Der Liebende findet die Geliebte schlafend im schattigen Hain – das kennt man aus vielen Liebesgedichten des Rokoko. Die Rosenbänder, die das lyrische Ich der Schönen im übertragenen Sinne als Fesseln anlegt, besitzen einen zweifachen Sinn. Einmal handelt es sich um bemalte Seidenbänder, die zu jener Zeit in Mode waren und die man der Liebsten als Haar- oder Kleidungsschmuck verehrte. (Der junge Goethe verfertigte selbst einige und schickte sie Friederike Brion nach Sesenheim. In dem Gedicht „Mit einem gemalten Band“ nutzt er das Requisit auch poetisch aus; seine Schlußzeilen lauten: „Und das Band, das uns verbindet, Sei kein schwaches Rosenband!“ Goethes Werke, Bd. 1. Hg. v. E. Trunz. Hamburger Ausgabe. München 1974, S. 26.)

Die Situationen der Anfangsstrophe schließen sich also ganz an die heiter tändelnde Stimmung der Rokokolyrik an. Aber die Wirkung, die der Anblick des schlafenden Mädchens auf das Ich ausübt, ist eine völlig andere. Alle sinnlichen Momente sind vermieden. Der Schauende ist in seiner ganzen Existenz ergriffen.

In der 3. Strophe verwendet der Dichter die Rosenbänder in ihrer zweiten Bedeutung. Das „rauschen“ weist auf eine Blumenkette aus wirklichen Rosen hin, deren Rascheln die Schläferin aufweckt. Mit dem Erwachen begegnen sich die Blicke der beiden, jedoch nicht als kokettes Spiel wie bei Uz („An Chloen"), sondern als Seelenereignis. Es ist durchaus naheliegend, dem Erwachen einen symbolischen Sinn hinzuzufügen, von weitem vergleichbar der „Dornröschen"-Szene. Was das lyrische Ich zuvor von seinen eigenen Empfindungen sagt („Mein Leben"), gilt nun in gleicher Weise für die Geliebte („Ihr Leben"). Die Liebe erreicht damit ihren höchsten Sinn, indem sie zur wechselseitigen Daseinsbedingung der Betroffenen wird. Klopstock ist hier weit entfernt von der scherzend erotischen Liebesauffassung der Anakreontiker. Zwar leiden und schmachten in deren Gedichten die Liebenden, und sie wollen vor Sehnsucht sterben, aber weder die Autoren noch die Leser nehmen das ernst.

Seelische Ergriffenheit

Glück wechselseitiger Liebe

Die Schlußzeile stimmt das Gedicht dann auf einen heiteren Ton, insofern das gegenseitige Erkennen der Liebe höchstes Entzücken („Elysium") auslöst. Wir kennen den Begriff aus Schillers Ode, in der die Freude als „Tochter aus Elysium", also als Kind aus dem Lande der vollkommenen Seligkeit bezeichnet wird. „Elysium" ist auch sonst in der Rokokodichtung geläufig, doch den „Seelengrund", aus dem bei Klopstock die Freude aufsteigt, sucht man dort vergeblich. Wolfgang Kayser benutzt den Begriff „Seelengrund" zur Deutung dessen, was sich den Liebenden im gegenseitigen Anschauen wie in einem Spiegel eröffnet. (Das sprachliche Kunstwerk, Bern 1960, S. 43).

„Elysium"

Wir erinnern uns, daß *der Blick* in der Liebeslyrik aller Epochen eine wichtige kommunikative Rolle spielt. Uz formt ihn zum sinnlichen Dialog mit den Augen („An Choen"). In Klopstocks „Rosenband" erlaubt er den Liebenden Einblick in die Seele des anderen und wird zum wortlosen Geständnis der Zuneigung. Eichendorffs Gedicht „Der Blick" (vgl. Kapitel 6) knüpft hier an und läßt uns die Sprache der Augen als Sprache des Herzens verstehen, wobei in transzendenter Erhöhung dieser Blick auch als symbolischer Vor-Blick in das himmlische Reich zu deuten ist. Bei Goethe („Warum gabst du uns die tiefen Blicke", vgl. Kapitel 7) wird die den Liebenden

Kommunikative Funktion des Blicks

vorbehaltene Fähigkeit, „einander in das Herz zu sehn“, als Auszeichnung und Fluch zugleich verstanden. In Krolows „Liebesgedicht“ (vgl. Kapitel 2) erfahren wir vom Blick der Geliebten, daß er „sanft und sicher wie der eines Vogels“ ist. Dialogische Funktion im Sinne der inneren Zwiesprache erfüllt er hier nicht mehr. Die Entfaltung des Blick-Motivs besitzt, wie die gesamte Lyrik, eine eigene aufschlußreiche Geschichte.

Rosenband-Symbol

Das andere Zentralmotiv des Gedichts neben dem Anschauen, das Rosenband, weist als Dingsymbol auch in den semantischen Bereich des Fesselns und Bindens. Die Liebe zu einem Du drängt wie selbstverständlich, wenn sie nicht bloßes Spiel sein soll, auf Bindung. Die Liebeslyrik des Rokoko thematisiert diesen Aspekt kaum; er paßt sich in die unernste Liebesauffassung nicht ein. Klopstock wählt mit dem Bild der Blumenkette aus Rosen als Fessel ein sehr feinsinniges Gleichnis. Die Rose gilt als ‚klassische‘ Symbolblume der Liebe. Was die Geliebte also bindet, ist keine ihr fremd entgegentretende Gewalt, sondern, in der metaphorischen Formulierung des Gedichts, die Liebe selbst.

Abgesehen von einzelnen Bestandteilen im Arrangement, bleibt von der Liebesauffassung der rokokohaften Lyrik bei Klopstock nicht mehr viel übrig. Das Muster der tradierten Dichtungsweise mit ihren konventionellen Motiven wird vom individuellen Ton der Empfindungen überstimmt. Das hat seine Ursachen nicht zuletzt darin, daß die persönliche Liebeserfahrung in das Gedicht hineinwirkt.

Einheit menschlicher und göttlicher Liebe

Überdies finden wir in Klopstocks Lyrik erstmals eine enge Verknüpfung der menschlichen mit der religiösen Liebe. Das ist einer der Gründe für die hohe Wertschätzung, die der Dichter bei den Romantikern erfahren hat. In seiner Ode „An Gott“ formuliert er den Zusammenhang zwischen beiden Seinsformen der Liebe in hymnischem Pathos:

An Gott

Von ihr geliebet, will ich dir feuriger
Entgegenjauchzen, will ich mein voller Herz
In heißern Hallelujaliedern,
Ewiger Vater, vor dir ergießen!

Dann, wenn sie mit mir deinen erhabnen Ruhm
Gen Himmel weinet, betend, mit schwimmendem,
Entzücktem Auge, will ich mit ihr
Hier schon das höhere Leben fühlen!

Friedrich Gottlieb Klopstock

Empfindsame Rührung

Das lyrische Ich erbittet von Gott als Gnadengeschenk die Liebe seiner Geliebten. Als Dank werde sich dann auch seine Gottesliebe unermeßlich steigern. Diesem Gedanken schließt sich die gemeinsame Hinwendung der Liebenden zu Gott an. Dessen liebevolle Güte wird ahnungsweise im irdischen Dasein erfahrbar („Hier schon das höhere Leben fühlen!"). Wir erkennen deutliche Verbindungen zu Novalis und seinem Gedicht „An Julien" (vgl. Kapitel 6). Allerdings mischt sich in Klopstocks Lyrik ein Ton von tränenseliger Rührung, der auf Einflüsse der englischen Empfindsamkeit zurückgeht. Für Klopstock gehören diese rührenden Stimmungen – ganz im Gegensatz zum Rokoko – schon deshalb in die Dichtung hinein, weil er mit ihr eine ganz andere Wirkungsabsicht verfolgt. Er will mit seinen Gedichten nicht mehr unterhalten und erfreuen, er will vielmehr die Seele des Lesers in *rührende Bewegung* versetzen („movere" statt „delectare"). Dies setzt voraus, daß auch die Figuren innerhalb des Gedichts von Rührung ergriffen sind. Daher scheint es, daß die Darstellung der Liebe in Klopstocks Werken leicht sentimentalische Züge annimmt.

Die Liebesdichtung des Rokoko gestaltet mit Hilfe übernommener Klischees, reizvoller Metaphernkombinationen und witziger Sprachpointen aus künstlich arrangierten erotischen Situationen eine Literatur, die nicht Erlebniswirklichkeit schildern, sondern dem ästhetischen Vergnügen des Lesers dienen will. Die Liebe erweist sich als ein unverbindliches Spiel.
Klopstocks Lyrik fügt der Liebesdichtung des 18. Jahrhunderts neben ihrer sprachlichen Verfeinerung neue Momente hinzu: das Aussprechen subjektiver Empfindungen des Ichs, den existentiellen Ernst der Liebeserfahrung und ihre Verknüpfung mit religiösem Erleben.

Zwischen Sinnlichkeit und Moral. Die poetischen Konventionen der Barockdichtung

Die Entstehung der barocken Liebeslyrik erfolgt im Zusammenhang mit den Anstrengungen, eine bis dahin nicht vorhandene deutsche Lyriksprache erst einmal zu erschaffen (Martin Opitz). Ihre Grundtendenz besteht in der Entwicklung sprachlicher Kunstfertigkeit, die bis zur Virtuosität getrieben wird.

Das Lebensgefühl der Zeit, wesentlich geprägt von den Wirren des Dreißigjährigen Krieges (1618–48) und seinen sozialpsychologischen Folgen, wirkt sich auf die Themen und Motive der Barockliteratur aus (Gryphius). Es beeinflußt auch ihren Liebesbegriff, der am folgenden Beispiel von Philipp von Zesen (1619–1689) erläutert werden soll.

Lied

Halt, du schöner Morgenstern,
Bleibe fern!
Und du, güldne Nachtlaterne,
Halt der weißen Pferde Lauf
Itzund auf!
Steht ein wenig still, ihr Sterne!

Gönne mir die süße Ruh,
Sonne du,
Laß uns doch der Liebe pflegen,
Laß den kühlen Reif und Tau
Auf der Au
Noch ein wenig meinetwegen!

Ist doch meine Liebste mir
Sonn und Zier,
Die mich itzund in den Armen,
In den zarten Armen weiß,
Die mein Preis
Und mich also läßt erwarmen.

Und du wunderschönes Licht,
Die ich nicht
Nach der Gnüge kann beschreiben,
Laß den hellen Augenschein
Bei mir sein,
Bis der Tag die Nacht wird treiben.

Wie hat mich dein roter Mund
Doch verwundt!
Das zweifache Schild mich zwinget,
Das vor deinem Herzen steht
Aufgebläht,
Da der Lilien Pracht aufspringet.

Ach, entschlage dich ja nicht,
Schönes Licht,
Dieser Lust in deiner Jugend,
Brauche deiner Lieblichkeit
Und der Zeit,
Schadt es doch nicht deiner Tugend.

Laß uns immer freudig sein!
Nacht und Wein
Reizen uns itzund zum Lieben.
Dann wenn Liebe, Wein und Nacht
Uns anlacht,
Kann uns Langmut nicht betrüben.

Philipp von Zesen

„itzund": jetzt
„der Liebe pflegen": sich der Liebe hingeben
„meinetwegen": mir zuliebe
„mein Preis": der Gegenstand meines Preisens
„nach der Gnüge": ausreichend
„sich entschlagen": auf etwas verzichten
„Langmut": trübe Stimmung, Schwermut

Orthographische Normalisierung

Ursprünglich ist dieses Gedicht in der ungeregelten Schreibung des 17. Jahrhunderts überliefert. Zur Verständniserleichterung hat der Herausgeber K. O. Conrady die Orthographie und Zeichensetzung des Textes ‚normalisiert'. Beim wissenschaftlichen Umgang mit Barockgedichten wird der Philologe eine solche Angleichung an heutige Sprachnormen ablehnen, für unseren Zweck erweist sie sich aber als nützlich und sinnvoll.

Virtuosität der Sprache

Zesens „Lied" entstammt einer Entwicklungsphase des Barock, in der die sprachkünstlerische Entfaltung der lyrischen Möglichkeiten bereits ein hohes Niveau erreicht hat. Der spielerische Umgang mit Versform, Rhythmus, Klang und Reim zeugt von einer virtuosen Meisterschaft, die angesichts der Unbeholfenheit vieler barocker Texte nicht selbstverständlich ist. Neben Zesen sind Harsdörffer (1607–1658), Klaj (1616–1656), Hofmannswaldau

(1617–1679) und Lohenstein (1635–1683) als Vertreter der ‚artistischen' Liebeslyrik zu nennen. Ihnen können wir Gryphius (1616–1664) als schwerblütig-ernsten, religiös orientierten Dichter mit eindringlicher Sprachkraft und Fleming (1609–1640) als eigenwillige Persönlichkeit mit schlichteren, erlebnisbetonten Versen gegenüberstellen. Doch wird sich zeigen, daß den meisten Autoren bestimmte Grundtendenzen in der Motivgestaltung und der Liebesauffassung gemeinsam sind.

„Tagelied"-Tradition

Das Gedicht von Zesen knüpft an eine Tradition der mittelalterlichen Minnelyrik an, die wir mit dem Begriff ‚Tagelied' umschreiben (vgl. Kapitel 10). Thematisch und strukturell wird die Form von der Trennung der Liebenden durch den Einbruch des Tageslichts bestimmt. Heinrich von Morungen und Walther von der Vogelweide haben berühmte ‚Tagelieder' verfaßt. Der Thematik entsprechend beginnt das „Lied" mit beschwörenden Appellen an das Firmament, welches zunächst Adressat der Du-Anrede ist. Das lyrische Ich möchte das Untergehen der Nachtgestirne und den unerwünschten Anbruch des Tages aufhalten oder wenigstens hinauszögern. Der

Fliehende Zeit

Mond als traditioneller Gefährte der Liebenden („güldne Nachtlaterne") soll das Herannahen der Sonne verhindern: das Bild der „weißen Pferde" spielt an auf die mythische Vorstellung vom Sonnenwagen, den Pferde über den Himmel ziehen. Alle Sterne werden im Anruf zum Verweilen aufgefordert. Zesen verbildlicht das abstrakte Voranschreiten der Zeit, das vom lyrischen Ich als höchst konkretes Ärgernis erlebt wird, durch kosmologische Vorgänge, die unserer Zeitmessung zugrunde liegen. So schafft er einen poetischen Vorstellungsraum, mit dessen Hilfe sich das rührend naive Verlangen des Menschen, die Zeit zum Stillstand zu bringen, zugleich mit seiner kläglichen Ohnmacht zur Anschauung bringen läßt.

Die 2. Strophe besteht wie die vorangehende aus drei Aufforderungssätzen. Der Appell des lyrischen Subjekts richtet sich jetzt an die Sonne, und erst hier im 9. Vers gibt der Sprecher eine Erklärung für

Wunsch nach Dauer

seine Wünsche: Er möchte das Beisammensein mit der Geliebten möglichst lange auskosten. Erneut kleidet Zesen den Zeitverlauf in ein umschreibendes Naturbild. Solange „Reif und Tau" auf den Wiesen liegen, ist dem Liebespaar noch eine Frist gegönnt. Ihre Dauer unterliegt – wie aus den Bildvergleichen der 1. Strophe bereits hervorgeht – ganz den Gesetzen der Natur, über die der Mensch keine Macht hat.

Sonnen-Metaphorik

Neben ihrer zeitmetaphorischen Funktion greift der Dichter eine weitere sinnbildhafte Bedeutungsschicht der Sonne auf; er bezeichnet die geliebte Frau als seine „Sonne und Zier". Dieser Vergleich der Liebsten mit dem Himmelslicht besitzt eine lange Tradition im poetischen Schönheitslob – bis hin zu Goethes Gedicht „Gegenwart" (Goethes Werke, Bd. 1. Hg. v. E. Trunz. Hamburger Ausgabe. München 1974, S. 254) als eines ausdrucksmächtigen Beispiels. Zesen nutzt die Metapher bis in ihre Nebenaspekte aus, indem er das lyrische Subjekt in der Umarmung der Geliebten sich wie von der Sonne erwärmen läßt. In den Wendungen „wunderschönes Licht" und „heller Augenschein" der 4. Strophe und der Anrede „Schönes Licht" in der 6. Strophe setzt Zesen die Sonnenmetaphorik fort, die in der Schlußzeile von Strophe 4 noch einmal kunstreich mit der Zeit-Thematik („Bis der Tag die Nacht wird treiben") verknüpft wird.

Ruhm der weiblichen Schönheit

Der anrufende Preis bildet den Inhalt der 3. und 4. Strophe, wobei die Frau nun zur unmittelbaren Adressatin der Rede wird. Das lyrische Ich bedient sich neben anderem eines sogenannten Unsagbarkeitstopos, eines formelhaften Allgemeinplatzes für die Unfähigkeit des Dichters, die weibliche Schönheit hinreichend zu beschreiben („nach der Genüge"). Natürlich handelt es sich um ein rhetorisches Scheinargument, mit dem der Sprecher die außergewöhnlichen Reize seiner Liebsten hervorheben will. Meist huldigen die Barockdichter den körperlichen Vorzügen der schönen Frauen mit aufwendigen Beschreibungen. Daß auch Zesen dazu imstande ist, beweist sein Gedicht „Salomons Geistliche Wollust" (RUB, S. 82 ff.). Im „Lied" beschränkt er sich auf ein Minimum und erwähnt außer den weißen Armen nur noch zwei Einzelheiten aus einem sonst viel längeren Katalog: den „roten Mund" und das „zweifache Schild“ vor dem Herzen. Hierbei handelt es sich um eine barocke Umschreibung (Periphrase) der weiblichen Brüste, die uns recht befremdlich erscheint. Solche gesuchten bildhaften Umschreibungen gehören zu den wichtigsten rhetorischen Gestaltungsmitteln, mit denen der Barockdichter seine poetische Phantasie bzw. die Kenntnis des tradierten Formelschatzes unter Beweis stellt. Hofmannswaldau liefert in seinem Gedicht „Lobrede an das liebwerteste Frauenzimmer“ (Conrady, S. 134) rund 80 Periphrasen von der Schönheit des weiblichen Busens, darunter auch die für unser Zesen-Gedicht interessanten Benennungen „ein weißer Schild“ und ein „reiner Thron, auf dem der Lilien Silber glänzet“, wobei der „Lilien Silber“ wiederum eine Periphrase für die weiße Hautfarbe und die geschwungenen Formen darstellt. Auch die Bezeichnung der Brüste als aufgeblasene weiße Bälle, die bei Zesen mitklingt („Aufgebläht“), gehört zum gängigen Bildervorrat. Man sollte bei der Interpretation solcher Bildvergleiche nicht nach hintergründigem Tiefsinn suchen. Meist greifen die Barockautoren nur aufgrund äußerer Ähnlichkeit nach solchen Vergleichsstücken, die einen inneren symbolischen Zusammenhang, wie er in der Sonnenmetaphorik vorliegt, nicht herstellen. Es handelt sich hier um Sprachbilder, die vornehmlich dem Schmuck der Rede dienen und ihre manchmal skurrilen Reize in sich selber haben. In der 5. Strophe verbindet Zesen den Preis der Schönheit unmittelbar mit ihrer Wirkung auf das lyrische Ich. Er bedient sich dazu der allgemein beliebten Kampfmetaphorik, die ja im Brust-Schild-Vergleich schon anklingt: der Liebende ist „verwundet“ bzw. „bezwungen“. So steht auch für die Beschreibung von Gefühlen ein konventioneller Formelschatz zur Verfügung, aus dem sich jeder bedienen kann. Meist entstammen die Metaphern für die Liebesempfindungen den semantischen Feldern des Krieges, der Krankheit, des Verstandesverlusts o. ä. Der persönliche, individuell geschöpfte Ausdruck ist im Barock höchst selten.

Bildhafte Umschreibungen (Periphrase)

Kampf-Metaphorik der Liebe

Der Schönheitspreis der Geliebten und die emphatischen Betroffenheitsausrufe erreichen mit der

6. Strophe ihren eigentlichen Zielpunkt. Appellativ formulierte Ratschläge und beschwichtigende Überredung bestimmen jetzt den Gestus der Rede. Die Empfehlung des lyrischen Ichs lautet: Versäume in deiner Jugend nicht den Genuß der Liebe, sondern nutze die Schönheit und den Augenblick zur Lust! Daß der Rat in erster Linie die Aufforderung an die Schöne enthält, dem Liebenden zu Willen zu sein, versteht sich von selbst. Den zu erwartenden moralischen Einwand des Mädchens (und des Lesers?) beseitigt der Sprecher mit der nicht weiter begründeten Behauptung, daß die Liebeslust der Tugendhaftigkeit keinen Schaden zufügen werde. Den damaligen sittlichen und religiös bestimmten Vorstellungen entspricht das keineswegs.

Aufforderung zum Liebesgenuß

Die Liebesauffassung des 17. Jahrhunderts wird vielmehr von einem Dualismus zwischen sinnlich-körperlicher und geistig-seelischer Liebe geprägt. Alle sinnliche Liebe gilt, auch innerhalb der Ehe, als „viehische Brunst" und als sündhaft verwerfliche Hurerei. Gryphius charakterisiert sie einmal als „Seelengift" und „höllenheiße Glut". Das Gebot wahrer Sittlichkeit verlangt von den Liebenden wie von den Eheleuten Keuschheit, also weitgehende sexuelle Enthaltsamkeit. (Vgl. P. Kluckhohn, Die Auffassung der Liebe, S. 119–121.)

Gegensatz von Sinnenlust und Moral

Zesens erotische Lyrik ist, wie die der meisten Barockdichter, von solchem Moralismus weit entfernt. Daß sich das lyrische Ich des Gedichts verpflichtet fühlt, den Tugendvorbehalt ausdrücklich zu erwähnen, spiegelt allerdings die Situation, in der jede Erfüllung erotischer Wünsche eine sittliche Verfehlung darstellt. Wir werden auf diese Problemstellung noch eingehen.

Implizit bedient sich das Gedicht in der 6. Strophe bei seinem Appell zum Liebesgenuß eines Arguments, das wir in der Barocklyrik häufiger antreffen. Es wird dem Menschen geraten, die rechte Zeit, die „Jugend", zur Liebe zu nutzen, denn nur dann verfügen vor allem die Frauen über die äußeren Vorzüge („Lieblichkeit"), welche sie liebens- und begehrenswert machen. Für diese Denkfigur verwendet das Barock die lateinische Formel „Carpe diem!" Nutze den Tag! Ergreife die Gelegenheit! Martin Opitz (1597–1639) hat das in einem berühmten Gedicht noch deutlicher als Zesen formuliert:

Nutze die Gelegenheit!

Martin Opitz

Ach Liebste, laß uns eilen

Ach Liebste, laß uns eilen,
Wir haben Zeit:
Es schadet das Verweilen
Uns beiderseit.
(...)
Drum laß uns jetzt genießen
Der Jugend Frucht.
(Conrady, S. 73)

Die Formulierung „Wir haben Zeit" bedeutet im 17. Jahrhundert „es ist an der Zeit". Das Versäumen der günstigen Gelegenheit, „das Verweilen", wäre schädlich, weil die Gaben der Schönheit vergehen, unser Körper altert und bald alles dahin sein wird.

Simon Dach

Wie eine Paraphrase zu den Opitz-Versen klingt das „Mai-Liedchen" von Simon Dach (1605–1659):

Komm, Dorinde, laß uns eilen,
Nimm der Zeiten Güt in acht,
Angesehen, das Verweilen
Selten großen Nutz gebracht.
(...)
Wir sind in den Frühlings Jahren,
Laß uns die Gelegenheit
Vorn ergreifen bei den Haaren.
Simon Dach

Christian Günther

Selbst bei einem weniger epikureischen Dichter wie Christian Günther (1695–1723) rät ein spätbarockes Gedicht der schönen Phillis:

Drum lieb und lebe, weil man kann,
Wer weiß, wie bald wir wandern müssen!
(Conrady, S. 155)

Es handelt sich hier, wie wir an vielen weiteren Beispielen zeigen könnten, um einen *Topos*, ein festes Denk- und Bildschema, das als beliebiges Versatzstück von jedermann verwendet werden kann. Das Bewußtsein, das sich in diesen stereotypen Formulierungen äußert, kennzeichnet sich als Bedrohung des Menschen durch die Zeit. Wie in den Anfangsstrophen des Zesen-Gedichts das lyrische Ich sich vom Herannahen des Tages bedrängt fühlt, so steht in den zitierten Texten die Liebe ganz unter der Herrschaft der fliehenden Zeit. Die Sorge, das Glück zu versäumen, treibt die Figuren zu hektischem Genuß. Der Liebe, die wir als einen inneren Wachstumsprozeß begreifen, ist die immer wieder beschworene Eile wesensfremd. Sie hat nur dann einen Sinn, wenn man sie als ein „angenehmes Spiel“ oder als ein „Essen“ betrachtet (Hofmannswaldau), von dem man im Wettlauf mit der Zeit möglichst viel abbekommen möchte. Diese Auffassung wirkt auch in Zesens „Lied“ hinein.

Kommunikative Situation

In der 7. Strophe verändert der Dichter die Du-Anrede in eine Wir-Struktur und erweckt damit den Anschein, daß das lyrische Ich und die geliebte Frau zu einer gemeinsamen Haltung finden. Doch diese Übereinstimmung wird vom Sprecher lediglich rhetorisch suggeriert; von der Auffassung der Geliebten, die selbst nicht zu Wort kommt, erfährt der Leser nichts. Der dringliche Überredungscharakter der 6. Strophe („entschlage dich *ja* nicht“) läßt eher auf Widerstand schließen. Andererseits fügt sich der Appell „Laß uns immer freudig sein!“ so überzeugend in die allgemeine Tendenz der barocken Liebeslyrik ein, daß wir den Konsens zwischen beiden insgeheim voraussetzen.

Sinnenfreude

In kunstvoller Umkehrung der Reihenfolge benennt der Dichter zweimal die Ingredienzien der Freude: „Liebe, Wein und Nacht“. Noch einmal klingt mit dem Hinweis auf die Nacht flüchtig das ‚Tageslied‘-Thema an. Der Wein als stimulierender Begleiter des Eros spielt schon in der antiken Schäferdichtung eine wichtige Rolle und dringt von dort in die Liebeslyrik des Barock und Rokoko ein.

Die drei Schlußverse des Gedichts verkünden im Stil einer allgemeinen Sentenz eine Lehre, die auch der Leser sich zu Herzen nehmen soll: Solange die Liebe uns wohlgesonnen ist, werden trübe Stimmungen („Langmut“) keine Macht über uns haben. ‚Liebe‘ meint im Kontext von „Nacht und Wein“ und dem synonym verwendeten „Lust“ (Vers 33) natürlich die körperlich-sinnliche Liebe. Auf die schwermütigen Gedanken und ihre Ursachen geht Zesens Gedicht nicht ein. Wir können sie aber aus den oben zitierten Beispielen leicht erschließen. Es sind die Vorahnungen der Vergänglichkeit, welche die Barockdichtungen wie ein Generalthema durchziehen. Die Standardformel dafür lautet: „Memento mori!“ Denke stets daran, daß alles dem Tode geweiht ist! Andreas Gryphius hat aus dieser pessi-

Vergänglichkeit des Menschen: Melancholie

mistischen Grundhaltung der Epoche die eindrucksvollsten Dichtungen geschaffen. „Vanitas! Vanitatum Vanitas!“ lautet die Überschrift eines Gedichts über die Eitelkeit (= Nichtigkeit) der Welt, in dem er die Freuden, die Zesen als Heilmittel anpreist, resignierend entlarvt:

Ist eine Lust, ein Scherzen,
Das nicht ein heimlich Schmerzen
Mit Herzensangst vergällt?
(Conrady, S. 108)

Die Antwort auf diese rhetorische Frage kann für den Barockdichter nur lauten, daß es tatsächlich kein Glück gibt, in dem nicht das Gift des Todesbewußtseins seine zerstörerische Wirkung ausübt.

Liebe als Therapeutikum

Die erotische Lyrik des 17. Jahrhunderts setzt die Liebe als kompensatorische Gegenmacht gegen die Vergänglichkeitsphilosophie ein – wie eine Medizin gegen die Melancholie. Das Bedürfnis nach „Scherz und Lust“ ist verräterisch groß. Wulf Segebrecht hat in einer Interpretation des Opitz-Gedichts „Ach Liebste, laß uns eilen“ die inneren Zusammenhänge sehr schön dargelegt: „Das Carpe diem und das Memento mori gehören aufs engste zusammen und rechtfertigen sich gegenseitig. Das Liebeslied wird zur Todesmahnung, das Vanitas-Gedicht begründet die Bereitschaft zum Genuß des Lebens.“ (Gedichte und Interpretationen, Bd. 1. Reclam 7890. Stuttgart 1982, S. 142.)

Rhetorische Strategie

Der Barockdichter rückt also die Liebe in einen Funktionszusammenhang, in dem sie sich nicht von ihrem Eigenwert her bestimmt. Vielmehr dient sie dazu, wie die letzte Strophe von Zesens „Lied“ andeutet, die Lebenstrauer durch Sinnenfreuden zu überspielen. Ebenso ist der rhetorische Schönheitspreis der Geliebten zweckhaft funktionalisiert: er soll die Bereitschaft der Frau zur Liebe wecken und deren ‚existentielle‘ Dringlichkeit begründen. Die Drohung mit dem Versäumten reiht sich verstärkend in die Argumentationskette ein. So stellt sich das barocke Liebesgedicht nicht als ein ,,Dokument‘ der Leidenschaften, sondern als ein sehr rationales, strategisches Kunstwerk dar.
Die Liebe kann bei einer solchen Auffassung nur als

erotisch-sexuelles Phänomen auftreten. Dementsprechend finden wir im Barock zahllose Gedichte mit einer sexuellen Offenheit, gegen die Zesens „Lied" höchst dezent wirkt. Hofmannswaldau wird meist als Hauptvertreter dieser erotischen Richtung genannt. In dem Gedicht „Wollust" formuliert er gleichsam progammatisch, wenn auch mit ironischer Übertreibung:

Sexualität in der Barocklyrik

> Die Wollust bleibet doch der Menschen höchstes Gut.

Und:

> Wer Epikuren nicht für seinen Lehrer hält,
> Der hat den Weltgeschmack und allen Witz
> verloren.
>
> (Witz = Verstand)
> (Conrady, S. 133)

Die Philosophie des Epikur (341–270 v. Chr.) wird im 17./18. Jahrhundert verkürzt als Lehre vom uneingeschränkten Lebensgenuß ausgelegt. Dem dienen vor allem die Liebe und der Wein, wobei die Liebe in Hofmannswaldaus Texten vorrangig eine Angelegenheit für Leib und Glieder ist. Man hat dem Autor Frivolität und „zynische Brunstethik" vorgeworfen. Aber in solchen Urteilen äußert sich ein Moralismus, der dem Fiktionscharakter der Lyrik nicht gerecht wird und den wir heute nicht mehr teilen. Wie für die Rokoko-Dichtung gilt auch im Barock, daß die Liebesdichtung vor allem ein gesellig-unterhaltendes Genre darstellt, ohne realistischen Wahrheits- oder Bekenntnischarakter.

Vergleich mit Rokokolyrik

Allerdings fehlt der barocken Lyrik der spielerische Charme des Rokoko. Sie ist in ihren sexualisierten Versionen meist plump und ungalant. Wer sich das Vergnügen bereitet, ein Gedicht wie Hofmannswaldaus „Albanie / gebrauche deiner Zeit" (RUB, S. 78) mit „Ein Traum" von Peter Uz zu vergleichen (RUB, S. 106), der bemerkt die Unterschiede in Haltung und Atmosphäre. Der Anakreontiker Uz löst die erotischen Spannungen in heiterem Scherz rechtzeitig auf, während das Barockgedicht auf der Durchführung der sexuellen Thematik in trivialen Metaphern besteht („Liebesäcker pflügen", „Venusau" etc.). Beide Autoren wären von Rückschlüssen auf die eigene Erlebniswirklichkeit aber sehr befremdet gewesen.

Sinnlichkeit und Moralität

Das Barock steht vor dem Problem, das die Liebesdichtung seit der Minnelyrik (vgl. Kapitel 10) über Jahrhunderte bewegt hat: der unversöhnte Gegensatz zwischen Sinnlichkeit und Sittlichkeit, zwischen irdischer und himmlischer Liebe. Die Barocklyrik bejaht im Gegensatz zur Romantik die Glücksmöglichkeiten des Eros, aber sie isoliert sie von den Formen ‚höherer' Liebe zwischen den Menschen und übersteigert so ihre Bedeutung.

Empfindsame Züge bei Fleming

Neben dieser betont erotischen Lyrik finden wir auch barocke Texte, in denen eine mehr gefühlsmäßige Zuneigung mitwirkt. Die späte Lyrik Paul Flemings bildet eine solche Ausnahmeerscheinung. Verinnerlichte Werbungsthematik („Anemone", RUB, S. 72) und Treue-Motive („Elsgens treues Herz", RUB, S. 62) stehen im Mittelpunkt einer schlicht formulierenden Poesie. Allerdings wächst auch Flemings Lyrik nicht primär aus dem Nährboden eigener Erlebnisse hervor. Sie zehrt überwiegend von der literarischen Tradition des schon häufiger genannten ‚Petrarkismus' (vgl. Kapitel 5), eines poetischen Liebessystems mit einer schematischen Rollenverteilung der Partner: Der Liebende tritt werbend und klagend, die Geliebte abweisend und grausam auf. Eine Erfüllung der Liebessehnsucht sieht das System nicht vor, so daß es in schroffem Gegensatz zu den Genußkonzeptionen der erotischen Barockdichtung steht. Eine ambivalente Stimmung aus Glück und Schmerz zugleich prägt die Stimmung der Texte. („An Dulcamaren", RUB, S. 74.)

Petrarkismus

Ähnlich wie im Formschema der höfischen Minnelyrik hat das Sinnliche in der petrarkistischen Lyrik eigentlich keinen Platz. Doch lagern sich in der Liebeslyrik des 17./18. Jahrhunderts erotische Motive in das Dichtungssystem ein. Und ähnlich wie die Minnelyrik ist sie nicht Ausdruck erlebter Empfindungen, sondern ein durch und durch konventionalisiertes, gesellschaftliches Geschehen.

Konventionelles Schema

Wir verstehen Sinn und Funktion der petrarkistischen Barocklyrik am ehesten, wenn wir sie mit unseren offiziellen Kommunikationsformen vergleichen (Glückwunsch- oder Beileidsschreiben u. ä.).

Dabei verfügen wir über ein konventionelles Formelrepertoire, das wir unabhängig von unseren Empfindungen und den Adressaten einsetzen können.
Fleming selbst liefert ein aufschlußreiches Beispiel für die konventionelle Beziehung zwischen Wirklichkeit und Poesie im Barock. Wir finden in zwei Gedichten „von eigener Prägung und spürbarer Empfindungswärme“ (H. Pyritz) an zwei verschiedene Frauen bei erheblicher Differenz der Entstehungszeit dieselben Treueversicherungen – bis in den Wortlaut identisch. Die Verse sind im Hinblick auf ihre Empfängerinnen nicht zu unterscheiden und beliebig austauschbar. Hans Pyritz, dem wir diesen Hinweis verdanken, folgert daraus, daß das persönliche Liebeserlebnis, welches den Gedichten gewiß vorausgeht, sich „in dichterischen Bekundungsformen“ äußert, die aus einer „festen Typenbildung“ stammen und nicht aus individueller Sprachschöpfung. (H. Pyritz, Paul Fleming und der Petrarkismus. In: Deutsche Barockforschung. Köln 1970, S. 348.)

Ausdrucksarmut der Gefühlssprache

Im ganzen sind die sprachlichen Kategorien zur Darstellung von Gefühlen in der Barocklyrik – selbst bei Fleming – noch wenig entwickelt. Erst schrittweise über Christian Günther (1695–1723) und Klopstock (vgl. Kapitel 9) hin zu Goethe (vgl. Kapitel 8) bildet sich eine differenzierte Empfindungssprache heraus, mit der die Skala der Emotionen beschrieben werden kann. Dem barocken Liebesgedicht liegt das aufgrund anderer Darstellungsabsichten fern. Es dient überwiegend der geselligen Unterhaltung, der feierlichen Überhöhung des Alltags oder, im Wettstreit mit den Zunftgenossen der Sprach- und Dichtergesellschaften, dem eigenen Ruhm.

Die Liebeslyrik des Barock folgt dem Formideal der kunstvoll angeordneten, überreichen Bilderfülle und der rhetorisch kalkulierten Wirkungen der Sprache. Sie dient nicht dem poetischen Bekenntnis wirklich erlebter Liebe. Der Schwerpunkt ihrer Liebesauffassung liegt – angesichts der Vergänglichkeit des Menschen – im erotischen Genußstreben, wodurch sich ungelöste Widersprüche zu den religiösen und moralischen Forderungen der Zeit einstellen. Im Spätbarock (Fleming) zeigen sich erste Ansätze einer persönlicheren Liebesdichtung.

Die höfische Verehrung der Frau in der mittelalterlichen Minnelyrik

Die Minnedichtung des Mittelalters war eine höfisch-gesellige Kunstform, in der nicht persönliche Gefühle der Dichter, sondern die Ideale eines gültigen Liebesbegriffs artikuliert wurden. Mit großer Spannweite reicht dieser Begriff von der ‚hohen Minne' bis hin zur schlichten Haltung der ‚niederen Minne'. Ihre unterschiedlichen Entwicklungsstufen lassen sich vor allem an den Liedern Walthers von der Vogelweide beispielhaft erschließen.

Literarhistorische Einordnung

Die deutschsprachige Lyrik setzt zwischen 1170 und 1250 mit einem epochalen Höhepunkt ein: der höfischen Minnedichtung, einer mit Gesang vorgetragenen strophischen Liebeslyrik. Sie erweist sich als eine hochdifferenzierte, psychologische Sprachkunst mit ungeheurer Formenvielfalt und von großer ästhetischer Ranghöhe. Jahrhunderte zuvor und mehrere Jahrhunderte danach findet sich in unserem Sprachraum nichts Vergleichbares. Und sie ist die erste Ich-Dichtung in deutscher Sprache, die nichtreligiöse, höchst persönliche Anliegen des Individuums thematisiert, nämlich die Liebe zwischen Mann und Frau.

Solche ‚Anfänge' reizen unsere historische Neugier in besonderem Maße, zumal sie sich in einer kulturgeschichtlichen Phase des Mittelalters zutragen, von der eine große Faszination ausgeht. Hinzu kommt, daß wir unsere heutigen Denk- und Erlebnisweisen und ihre dichterischen Gestaltungen nur im Spiegel des geschichtlich Anderen als die wirklich unsrigen verstehen können. Deshalb ist eine Beschäftigung mit dieser vergangenen Literatur zugleich eine kritische Revision unserer eigenen Standorte.

Allerdings stellen uns die acht Jahrhunderte zurückliegenden Ausformungen des Liebesmotivs in der Minnelyrik vor erhebliche Schwierigkeiten. Das

Mittelhochdeutsche Sprache

beginnt mit der uns fremden Sprachstufe des Mittelhochdeutschen, dessen Kenntnis im Grunde erforderlich wäre. Wie anders soll man sonst formale und sprachliche Phänomene (Rhythmus, Reimkunst, Wortspiele, Ironie etc.) richtig beurteilen? Übersetzungen von Gedichten verändern deren Kunstcharakter so gründlich, daß von der Originalgestalt nicht viel übrigbleibt. Indem wir uns – zwangsläufig – an die ins Neuhochdeutsche übertragenen Textbeispiele halten, muß die formalästhetische Betrachtung in den Hintergrund treten. Es wird uns vorwiegend darum zu tun sein, die Liebesauffassung der mittelalterlichen Lyrik kennenzulernen.

Als bedeutendster Autor der höfischen Liebeslyrik gilt Walther von der Vogelweide (vermutlich 1170–1230), und wir stellen ihn in den Mittelpunkt unserer Überlegungen, zumal in seinem Werk die unterschiedlichen Erscheinungsformen des Minnebegriffs am deutlichsten zutage treten. In einem zweistrophigen Bittlied („Aller werdekeit ein füegerinne“) wendet sich das Gedicht-Ich, das keinesfalls mit dem Dichter Walther gleichgesetzt werden darf, an die personifizierte „frouwe Mâze“, welche die Tugend des besonnenen Maßhaltens verkörpert. Sie ist, wie die Eingangszeile mitteilt, die „Urheberin“ bzw. „Ordnerin aller Menschenwerte“. Das rechte Maß in allen Dingen zu finden, darin besteht eine der sittlichen Hauptforderungen des mittelalterlichen Denkens.

Tugend des rechten Maßes

In Walthers Lied wird dieser Gedanke auf die Seinsformen der Liebe und ihre Rangordnung bezogen. Den Mittelpunkt der 1. Strophe bildet die Aufforderung des lyrischen Ichs an die „frouwe Mâze“:

> Daz ir mich ebene werben lêret.
> („Daß ihr mich lehrt, gemäß um Liebe zu werben“, Vers 7)

Die Minnedichtung ist vor allem Werbungslyrik um die Gunst einer verehrten Frau. Das preisende Rühmen ihrer Schönheit und die Bitte um ihre Zuneigung prägen den Inhalt der Texte. Dies in der rechten Weise zu erlernen, darin besteht der Wunsch des lyrischen Subjekts. Der Bedeutungsschwerpunkt der Gedichtzeile liegt in der Formulierung „*ebene* werben“. Aber wodurch kennzeichnet sich ein *angemessenes* Liebeswerben?

Angemessene Formen der Liebeswerbung

Darüber gibt das Lied genauere Auskunft mit Hilfe der Unterscheidung, die von Vers 8 eingeführt wird:

> wirbe ich nidere, wirbe ich hôhe, ich bin versêret.
> („Werbe ich nieder, werbe ich hoch – es macht mir Schaden")

‚Hohe' und ‚niedere' Minne

In den beiden extremen Möglichkeiten von ‚niederer' oder ‚hoher Minne' verwirklicht sich für das Gedicht-Ich die Liebe, und zwar nicht als Glückserfahrung, sondern als Schmerz bereitendes Geschehen. Beide Formen der Liebe und des Liebesstrebens erscheinen ihm als „unmâze" (Maßlosigkeit). Daher sucht es nach einer maßvoll ausgewogenen, ‚gesunden' Liebe, für die Walther den Begriff „ebene minne" gefunden hat.
Die 2. Strophe des Liedes erläutert das Gegensatzpaar der ‚hohen' und ‚niederen Minne' in ihrer kontrastiven Wertposition:

> Nideriu minne heizet diu sô swachet
> daz der muot nach kranker liebe ringet:
> diu minne tuot unlobelîche wê.
>
> („Niedere Minne heißt, die so erniedrigt,
> daß der Sinn um nichts ringt als um gemeine Lust:
> der Schmerz aus solcher Minne bringt nur
> Verachtung ein.")

Von der entgegengesetzten Liebe erfahren wir:

> Hôhiu minne heizet die da machet
> daz der muot nâch hôher wirde ûf swinget:
> diu winket mir nû, daz ich mit ir gê.
>
> („Hohe Minne heißt, die da macht,
> daß der Sinn sich aufschwingt zu den höchsten
> Werten.
> Sie winkt mir jetzt, daß ich ihr folgen solle.")

Seelische und sinnliche Liebe

Von fern erinnert uns diese Unterscheidung an den vor allem in der Romantik so wichtigen Dualismus von sinnlicher und geistig-seelischer Liebe (vgl. Kapitel 6). Das lyrische Ich des Walther-Liedes ist sich dessen bewußt, daß der ‚hohen Minne' aufgrund ihrer sittlichen Werthaftigkeit der Vorrang gebührt. Doch die um Rat gebetene Instanz der „Frau Maße" zögert mit ihrem Urteil (Vers 18). Und die ethische Einsicht des Subjekts liegt im Widerstreit mit dem

Gefühl des sinnbetörenden Eros. „kumet diu herzeliebe“, so heißt es in Vers 19, „ich bin jedoch verleitet“ („Kommt die Herzensneigung, dann bin ich doch wieder verführt“). Dieser Gegensatz zwischen der „herzeliebe“ der ‚niederen Minne‘ und der Vernunftliebe der ‚hohen Minne‘ und der Versuch einer Versöhnung zwischen beiden prägt das Gesamtwerk Walthers von der Vogelweide.

Parallelen zur Romantik

Um den Sinn seiner dualistischen Liebesauffassung zu verstehen, müssen wir die ‚hohe Minne‘, die den Mittelpunkt der höfischen Liebeslyrik bildet, in ihrem Gehalt näher bestimmen. Die Parallelen mit der Romantik haben insofern ihre Gültigkeit, als die höfische Minne ebenfalls eine idealisierende Erhöhung der Frau vollzieht und die Anerkennung erotischer Sinnenwünsche abweist. Aus „dieser Spannung zwischen Irdischem und Ewigem, zwischen Begehren und Verehren“ bezieht die Minnedichtung ihre stärksten Impulse (H. de Boor, Geschichte der deutschen Literatur, Bd. 2. München 1962, S. 220). Aber die inneren Beweggründe in der mittelalterlichen Liebeslyrik unterscheiden sich von denen in der romantischen Dichtung mit ihrer christlichen Intention ganz erheblich.

‚Hohe Minne‘ als Sozialphänomen

Die ‚hohe Minne‘, das läßt sich auch dem Lied Walthers entnehmen, bezieht sich auf ein Geschehen „ze hove“ (in den adligen Kreisen des Hofes). Die ‚Höhe‘ der ‚hohen Minne‘ bezeichnet also zunächst einen sozialen Rang. Die Minne ist Gegenstand einer Dichtung für den Adel im Unterschied zur volkstümlichen oder klerikalen Dichtung. Sie kommt im Kreis der höfischen Gesellschaft zum Vortrag und ist bei der Rezeption auf deren ethisch-ästhetische Bildungsvoraussetzungen angewiesen. Die werbend preisende Verehrung des Minnesängers gilt der „frouwe“, die meist in ständischem Sinne als vornehme Dame des Hofes, als „Herrin“, auch als „Landesherrin“, meist verheiratet und stets als unerreichbar gedeutet wird. Ob die Minnedichter wirklich an einen solchen Status gedacht haben, ist in der literaturwissenschaftlichen Forschung höchst umstritten.

Liebesdienst

Zur Charakterisierung des Verhältnisses zwischen Mann und Frau bedient sich die ‚hohe‘ Lyrik der Metaphorik des Dienens. In freiwilliger Selbstverpflichtung unterwirft sich das fiktionale Gedicht-

Subjekt der gewählten Herrin. Die letzte Strophe des Walther-Liedes „Ir sult sprechen willekomen" („Ihr sollt mir ein Willkommen sagen", Conrady S. 14f.) beschreibt die Beziehung folgendermaßen:

> Der ich vil gedienet hân
> und iemer mêre gerne dienen wil,
> Diust von mir vil unerlân.
> iedoch sô tuot si leides mir sô vil.
> Si kan mir versêren
> herze und den muot.
>
> („Sie, deren Dienst ich mich ganz hingegeben habe
> und der ich mit Freuden immer dienen will,
> sie gebe ich durchaus nicht frei.
> Indessen, sie fügt mir nur Schmerz zu.
> Denn sie weiß mir zu verletzen
> Herz und Sinn.")

Die Liebesbeziehung erweist sich also als eine einseitige Bindung, die man mit dem Begriff ‚Minnedienst' kennzeichnet. Dazu müssen wir uns bewußt machen, daß das Dienen in der höfischen Rittergesellschaft des Mittelalters eine Tugendhaltung darstellt, die auf dem Ethos der gegenseitigen Verpflichtung zwischen dem Herrn und dem ritterlichen Vasallen besteht. Die Selbstbindung an eine übergeordnete Macht ist ein Vorgang, mit dem man sich Ansehen („êre") erwirbt; und je höher die Ehre dessen ist, dem man dient, um so größer wird die eigene Ehre sein. Das öffentliche Rühmen der unerreichbaren Schönheit und Güte der „vrouwe" durch den Sänger und Dichter erhöht also das Ansehen der geliebten Dame und das des Liebenden gleichzeitig.

Rittertugend des Dienens

Unserem modernen Bewußtsein in der zweiten Hälfte des 20. Jahrhunderts ist das Verständnis für den positiven Sinn des Dienens auch in der Liebesbeziehung völlig abhanden gekommen. Ineins damit gehen auch die der dienenden Lebensführung inhärenten Werte verloren, d. h. sie werden in der modernen Liebeslyrik gar nicht mehr als Werte hervorgehoben. Zum wohlverstandenen Dienstverhältnis gehören nämlich die ritterlichen Kardinaltugenden der „triuwe" und „staete" (Treue und Beständigkeit). Das lyrische Ich des Liedes betont, daß es der Herrin für immer („iemer mêre") dienen will und daß es sie nicht freigeben werde, was ja bedeuten würde, das Treuebündnis aufzukündigen. So stellt die ‚hohe Minne' einen Musterfall

„triuwe" und „staete"

dar, an dem die Dichtung des Mittelalters die gesellschaftlichen Werte vorbildhaft demonstrieren kann, und daher gehören die Begriffe „triuwe“ und „staete“ bzw. „staetekeit“ zum festen Formelschatz der Minnelieder.

Dienst ohne Lohn

Das Dienstverhältnis kennt normalerweise auch einen Lohn. Damit ist es aber beim Minnedienst nicht gut bestellt. Walthers Gedicht-Ich klagt, daß die geliebte Herrin ihm nur Schmerzen bereitet, obwohl von ihr doch nicht mehr erwartet wird als ein „schône grüezen“ (ein freundlicher Gruß). In der Schlußzeile spricht es die Erwartung aus, daß sich ihr abweisendes Verhalten künftig durchaus ändern könne, doch besteht kein Anlaß zu großer Zuversicht.
In einem Lied von Wolfram von Eschenbach (um 1170–1220) „Ursprinc bluomen“ („Der Blumen Sprießen“, Conrady S. 12) wird die Einforderung des Lohnes vom Sänger-Ich mehrmals formuliert:

> dîn lôn dienstes sol geruochen,
> daz ich iemer bite und biute unz an mînen tôt.
> lâz mich von dir nemen den trôst,
> daz ich ûz mînen langen clagen werde erlôst.
>
> („Dein Lohn soll den Dienst vergelten,
> Den ich immer bittend leiste bis zu meinem Tod.
> Laß mich von dir Trost gewinnen,
> Daß ich erlöst werde aus meinen langen Klagen.“)

Wie bei Walther klingt auch hier das Motiv der „triuwe“ mit an (dienen bis zum Tode), aber ebenso unentwegt („iemer“) erbittet das lyrische Ich seine Belohnung. In kühner sprachlicher Zusammenziehung, die das Neuhochdeutsche nicht mehr zuläßt, verbunden mit dem Wortspiel der klangähnlichen Verben, wird die Aussage poetisch dicht formuliert: „lon“ wird auf „biten“ und „dienst“ auf „biuten“ (anbieten) bezogen. War es im Gedicht Walthers ein lieber Gruß, so ist es hier bei Wolfram ein freundliches Wort („helfelîches wort“), das sich das Ich erhofft, das aber, wie seine „langen clagen“ belegen, von der „frouwe“ verweigert wird. In beiden Fällen handelt es sich aber wohl um weitergehende Erwartungen. Die im Beginn des Wolfram-Gedichts geschilderte Frühlingsstimmung mit dem Hervorsprießen der Blumen spielt untergründig auf erotische Wunschvorstellungen des lyrischen Ichs an, die aber von der hohen Minnelyrik in den Bereich des Unaussprechlichen und Unerfüllbaren verwiesen sind.

Minnesang als Klagelied

Aufgrund der stereotypen Verweigerung jeglicher Gegenleistung wird die Minnedichtung zum Klagegesang, wie überhaupt diese „ganze dichterische Gattung“ unter der „Vorherrschaft“ der „Leidthematik“ steht (G. Schweikle, Die frouwe der Minnesänger. In: Der deutsche Minnesang. Wege der Forschung, Bd. 608. Darmstadt 1985, S. 265).

Lyrik und soziale Wirklichkeit

Man hat die unnahbare Ferne der besungenen „frouwe“ oft als soziale oder rechtliche Höherstellung der Herrin gegenüber dem nichtadligen Sänger verstanden, und man hat den Minnesang insgesamt als Ausdruck gesellschaftlicher Frustrationen oder Aufstiegsbestrebungen interpretiert. Doch erscheint dies höchst fragwürdig, da sich auch Hochadlige und Fürsten dichtend dem Minnedienst unterwerfen, aus dem sie einen Nutzen für ihre Position gar nicht ziehen können. Insgesamt wird man die hochhöfische Liebeslyrik vor allem als ethisch-ästhetisches Phänomen betrachten müssen, in dem ein festes, konventionelles Rollenverhalten der beteiligten Personen erwartet wird.

Idealisierung der Frau

Wenn es in Wolframs Gedicht heißt „Mîn sanc wil genâde suochen an dich, güetlich wîp“ (Mein Lied will Gnade von dir erflehen, gütige Frau), dann äußert sich darin ein Zug von Anbetung (adoratio) und Unterwerfung (devotio), der mit der sozialen Wirklichkeit zwischen Mann und Frau im Mittelalter wenig gemein hat. Die „frouwe“ wird vielmehr in einem Ausmaß verherrlicht und idealisiert, daß sie als „Idee“, oder „„Wunschbild“ alle personale Realität übersteigt, vergleichbar nur ihrem religiösen Gegenpol in der verehrenden Dichtung: der Jungfrau Maria. Entsprechend gestaltet die Minnelyrik unter der oberflächlichen Schicht des erotischen Werbens um die Frau ein viel Tieferes, nämlich „das Werben um ein Ideal: das Streben nach vorbildhafter Daseinshaltung und Lebensführung“ (vgl. G. Schweikle, a. a. O., S. 258f.).

Wie im Liebessystem des Petrarkismus, auf das wir im Zusammenhang mit Heine und Fleming (vgl. Kapitel 5 u 9) hingewiesen haben, geht es auch für den Minnesang um „eine Eroserfahrung, die nicht friedevollen Besitz, sondern ruheloses Sehnen will, die nicht im Glück der Vereinigung, sondern in der ewigen Spannung sich vollendet" (H. Pyritz, Paul Fleming und der Petrarkismus. In: Deutsche Barockforschung. Köln u. Berlin 1970, S. 340). Aus dieser Grundtendenz erklärt es sich, daß die „frouwe" des Minnesängers prinzipiell in eine unerreichbare, wirklichkeitsferne Position gerückt wird und ein Entgegenkommen gegenüber dem Liebenden überhaupt nicht vorgesehen ist. Diese Art von Minnedienst ohne Lohn existiert als idealistische Vorstellung im Grunde nur in der lyrischen Dichtung, nicht aber in der Realität der höfischen Welt.

Ruheloses Sehnen (Petrarca)

Wir können uns den eigentlichen Sinn der Liebesauffassung des Minnesangs mit Hilfe einer allgemeinen psychologischen Erfahrung verständlich machen. Ein Mensch, der mit seinem ganzen Wesen einen anderen liebt und verehrt, ist von einem ethischen Impuls zur Güte, zum Gutsein-Wollen erfüllt. Einerseits deshalb, weil Liebe ursprünglich der Güte verschwistert ist; andererseits, weil er in den Augen des geliebten Menschen gut erscheinen möchte. Wir sind diesem Gedanken bereits bei Goethes Gedicht „Warum gabst du uns die tiefen Blicke" begegnet (vgl. Kapitel 7). Walther von der Vogelweide drückt die sittlich läuternde Wirkung der Liebe in den Schlußzeilen seines Liedes „Ein niuwer sumer" (Ein neuer Sommer) so aus:

Psychologische Deutung der ‚hohen Minne'

Sittliche Läuterung

> Swer guotes wîbes minne hât,
> der schamt sich aller missetât.
>
> (Die deutsche Literatur. Texte und Zeugnisse, Bd. 1, 2. München 1965, S. 1541)
>
> Wer Liebe zu einer edlen Frau empfindet,
> der schämt sich jeder üblen Handlung.
>
> (Übers. v. Verf.)

So wird also die sittliche Bewährung des Mannes im Angesicht der Instanz des Weiblichen zum eigentlichen Zielpunkt der ‚hohen Minne'. Man kann dies mit moderner psychologischer Begrifflichkeit auch als eine ‚Sublimierung' des Eros zum Ethischen hin bezeichnen.

Ethos der Bewährung

Zu den Bewährungsinhalten des höfisch-ritterlichen Mannes zählt aber nicht nur der Antrieb zum guten Handeln. In einem Vers Reinmars von Hagenau (etwa 1160/65–etwa 1205) heißt es:

> daz ich leit mit zühten kan getragen.
> (daß ich Leid mit Anstand zu tragen vermag.)

Der Schmerz der unerwiderten Liebe veranlaßt die Gedicht-Figuren zur ständigen Klage über ihr Schicksal, doch gilt es dies trotzdem mit Haltung zu akzeptieren und der ‚undankbaren' Herrin die Treue zu halten, wenn man die ritterlichen Tugendforderungen erfüllen will.

Wie bei der romantischen Liebesauffassung besteht der Sinn der höfischen Minne gerade nicht in ihrem Selbstwert, den sie für den Menschen besitzen kann, sondern die Liebe wird funktionalisiert, d. h. in Dienst genommen für andere Zwecke: in der Romantik für religiöse, im Hochmittelalter für ethische Zielsetzungen.

Wenn wir von hier auf unser Ausgangslied „Aller werdekeit ein füegerinne" von Walther zurückblikken, so hatten wir dort gehört, daß die ‚hohe Minne' eine maßlose, krank machende Form der Liebe sei.

Von ‚hoher' zu ‚niederer Minne'

Wir verstehen jetzt, daß Walthers Vorwurf der „unmâze" auf die unangemessen einseitige, rein geistig-sittliche Intention der Minne zielt. Das natürliche Empfinden der „herzeliebe", die erotische Begeisterung, die den Menschen des 12./13. Jahrhunderts ebenso vertraut war wie denen aller anderen Jahrhunderte auch, kommt in der hohen Minnelyrik nicht zu ihrem Recht. Walther setzt daher mit seinen Liedern der ‚niederen Minne' einen kräftigen Gegenakzent, indem er die liebende Verehrung, die zuvor nur der hochangesehenen Dame des Hofes zukam, nun auf das einfache Landmädchen überträgt. Infolge dieser Verschiebung wird nicht nur die soziale Ranghöhe eingeebnet, sondern zugleich die abstrakte Idealisierung der Frau aufgehoben. Das Verhältnis zwischen den Liebenden bekommt einen natürlich-realistischen Zug, den die ‚hohe Minne' mit ihrer ‚adoratio' und ‚devotio' nicht kennt. Auch in dieser Wendung der Waltherschen Lyrik zur innig persönlichen und sinnlich gefühlten Liebe erinnert uns manches an den Entwicklungsgang, den Goethes Liebesdichtung von der reinen Seelenlyrik für Charlotte von Stein hin zu den „Römischen Elegien“ und zum „West-östlichen Divan“ nimmt (vgl. Kapitel 7). Mit dem Blick auf noch weitere Parallelen hat die Literaturgeschichte die höfische Dichtung des Mittelalters im übrigen die „erste deutsche Klassik“ genannt.

Vergleich mit Goethe

Zum Abschluß betrachten wir ein Beispiel aus den ‚Mädchenliedern‘ Walthers von der Vogelweide, in dem er den Versuch unternimmt, höfische Gesinnung und schlichte Herzensneigung miteinander zu verschmelzen.

Walthers ‚Mädchenlieder‘

Herzeliebes frouwelîn

Herzeliebes frouwelîn,
got gebe dir hiute und iemer guot!
Kund ich baz gedenken dîn,
des hete ich willeclîchen muot.
Was mac ich dir sagen mê
wan daz dir nieman holder ist? owê, dâ von ist
mir vil wê.

Sie verwîzent mir daz ich
ze nidere wende mînen sanc.
Daz sie niht versinnent sich
was liebe sî, des haben undanc!
Sie getraf diu liebe nie,
die nâch dem guote und nâch der schoene
minnent, wê wie minnent die?

Bî der schoene ist dicke haz;
zer schoene niemen sî ze gach.
Liebe tuot dem herzen baz:
der liebe gêt diu schoene nâch.
Liebe machet schoene wîp:
des mac diu schoene niht getuon, si machet
niemer lieben lîp.

Ich vertrage als ich vertruoc
und als ich iemer wil vertragen.
Dû bist schoene und hâst genuoc:
was mugen si mir dâ von sagen?
Swaz si sagen, ich bin dir holt,
und nim dîn glesîn vingerlîn für einer küneginne
golt.

Hâst dû triuwe und staetekeit,
sô bin ich des ân angest gar

Daz mir iemer herzeleit
mit dînem willen widervar.
Hâst aber dû der zweier niht,
so müezest dû mîn niemer werden. owê danne, ob daz geschiht!

Walther von der Vogelweide

Meine geliebte kleine Herrin

Meine geliebte kleine Herrin,
Gott behüte dich heute und immer!
Könnte ich schöner meine Wünsche ausdrücken –
ich tät es wahrlich gern.
Was aber kann ich dir mehr sagen
als daß dich niemand lieber haben kann? Ach das macht mir manchen Kummer.

Sie werfen mir vor, daß ich
an niedrig Geborne richte meinen Sang.
Daß sie nicht begreifen
was wirkliche Liebe ist – dafür sollen sie verwünscht sein!
Nie hat wahre Liebe sie getroffen,
die nach dem Grad von Reichtum und Schönheit entflammt werden, – ach was für eine Liebe ist das?

Hinter äußerer Schönheit verbirgt sich oft ein böses Herz.
Solcher Schönheit laufe niemand eilig nach.
Ein liebes Herz steht viel höher,
und hinter ihm geht die Schönheit.
Ein liebes und liebendes Herz macht die Frau schön;
dergleichen kann die Schönheit nicht vollbringen: sie macht das Herz nicht gut.

Ich trage ihren Vorwurf wie ich ihn immer getragen habe
und ihn immer tragen werde.
Du bist schön, und du bist reich –
aber was können sie mir davon schon sagen?
Was immer sie sagen mögen – ich hab dich lieb,
und dein Ring mit dem Glasstein ist mir mehr als der Goldring der Königin.

Wenn du Beständigkeit und Treue hast,
so hab ich keine Sorge davor,
daß meinem Herzen je ein Leid
von deinem Herzen widerfahre.
Hast aber du sie nicht,

dann könntest du mir nie gehören. Ach, wenn es je so kommt ...

(Übersetzung Peter Wapnewski)

Symmetrischer Aufbau

Das fünfstrophige Gedicht, dessen 3. Strophe in einer früheren ‚Fassung' noch fehlte, weist einen kunstvollen symmetrischen Bau auf. Die Strophen 1 und 5 korrespondieren inhaltlich miteinander, insofern sie sich ganz der Liebesbeziehung zwischen dem lyrischen Ich und dem geliebten Mädchen widmen. Sie enthalten die als Formel zusammengehörenden Begriffe „herzeliebe" und „herzeleit" und enden jeweils mit einem Klageausruf. Der innere Zusammenhang beider Strophen erweist sich als so eng, daß die Klage der Strophe 1 („O weh, davon muß ich viel leiden") sich erst aus den Befürchtungen der Strophe 5 erklärt: Wenn die Geliebte nicht treu und beständig ist, dann wird dem Ich großes Leid widerfahren.

So umschließen die erste und letzte Strophe den Innenteil, der thematisch anders akzentuiert ist. Die 2. Strophe greift fiktive Vorwürfe der Öffentlichkeit auf, wobei wir in den Tadlern nach der Tradition der Minnelyrik wohl konkurrierende Minnesänger zu sehen haben. Das lyrische Ich wehrt sich mit dem Gegenvorwurf, daß jene Kritiker seiner Liebesauffassung gar nicht wissen, was wahre Liebe sei. Diese Argumentationsweise gehört zum polemischen Repertoire in der Minnedichtung. Wir finden sie beispielsweise in Hartmann von Aues „Ich var mit iuwern hulden" („Ich ziehe mit eurer Gunst", RUB, S. 14f.). Mit einer heftigen Verwünschung unterstreicht der Sprecher seinen Unmut. Zusammen mit der zweiten bildet die vierte Strophe eine Art von innerem Rahmen für die dritte. Die Strophe 4 nimmt nämlich die Polemik gegen die Gegner aus der Strophe 2 wieder auf, gibt ihr aber eine gegenläufige Wendung ins gleichgültig Verächtliche: „Was können diese Leute mir schon sagen!" Sie leitet dann mit der trotzigen Bekräftigung („Was immer sie auch reden mögen, ich habe dich lieb") zum Ausgangsthema zurück. Die 4. Strophe nimmt auch das Stichwort „Reichtum" aus der Strophe 2 auf und beantwortet es abweisend, indem sie den Vorzug des

Rhetorisch-polemischer Sprachgestus

gläsernen Ringleins gegenüber dem Goldschmuck betont.

Reflexiv-argumentierender Sprachgestus

Der formalen Gliederung zufolge bildet die 3. Strophe den strukturellen Mittelpunkt. Das legt den Schluß nahe, daß wir in ihr auch das gedankliche Zentrum des Gedichts zu suchen haben, denn nur dann besitzt die zyklische Anordnung der ‚Rahmenstrophen' einen wirklich funktionalen Sinn. Das Besondere der Mittelstrophe zeigt sich äußerlich darin, daß sie nicht mehr zur Kategorie der Bekenntnis-, Preis- oder Werbelyrik gehört wie die andern vier Strophen, sondern daß sie einen von den Gedicht-Figuren abgelösten Reflexionscharakter besitzt. Sie bedenkt das allgemeine Problem des Verhältnisses zwischen Liebe und Schönheit und liefert damit einen Beitrag zur Minnetheorie. Wie kommt es zu dieser reflexiv-belehrenden Argumentationsstrophe und welchen Stellenwert besitzt sie in dem Gedicht? Das lyrische Ich sieht sich dem Vorwurf gegenüber, daß es sein Liebeslied an ein junges Mädchen von nichtadliger Herkunft, also „so nidere" richte.

Sozialer Rang der Geliebten

Die Stellung der Frau spielt aber für das Minnelied eine überaus wichtige Rolle, und daher müssen wir der Anrede „herzeliebes frouwelîn" eine besondere Aufmerksamkeit widmen. Formal handelt es sich um eine Verkleinerungsform zu „frouwe" mit dem Ableitungssuffix -lîn und entspricht so dem neuhochdeutschen „Fräulein". Wapnewski übersetzt aber entsprechend der Bedeutung von „frouwe" als ‚Herrin' mit ‚kleine Herrin'. Das hohe Minnelied kennt solch eine vertrauliche Anrede nicht; die verehrte Frau heißt dort „frouwe" oder „wîp". Die Koseform „frouwelîn" verrät eine innig vertraute Beziehung, die wir auch mit unserem „Fräulein" nicht wiedergeben können, ebensowenig wie wir mit dieser Anrede eine ständische Einordnung erfassen können. (Dazu Fr. Neumann in: Die deutsche Lyrik. Interpretationen, Bd. 1. Hg. v. B. v. Wiese. Düsseldorf 1956, S. 57 f.)

Wenn Walther von der Vogelweide ein Mädchen aus dem unteren Stand als „frouwelîn" besingt, erhebt er sie mit dieser Anrede zur Herrin nur im übertragenen Sinne: als Gebieterin über die Empfindungen des lyrischen Ichs.

Die „frouwe“ des hohen Minnesangs zeichnet sich nun nach Auffassung dieses Walther-Liedes vor allem durch eine glanzvolle äußere Erscheinung aus („schoene“) und durch ihren standesgemäßen Besitz („guote“). Beides aber fehlt dem „frouwelîn“, und damit entfallen für das lyrische Ich nach allgemeiner Meinung die entscheidenden Motive für eine liebende Zuneigung.
Die wichtige 3. Strophe spielt auf diesem Hintergrund die Liebe rhetorisch gegen die äußere Schönheit und das gesellschaftliche Ansehen der Geliebten aus und warnt davor, solchen äußerlichen Reizen nachzujagen. Das ist ein ungewöhnlicher Gedanke, denn Schönheit, Pracht der Gewänder, das Funkeln edler Steine u. ä. gelten dem Mittelalter als hohe (positive) „Wahrzeichen der höfischen Gesellschaft“; die „Schönheit der Erscheinung“ drückt zugleich „ein schönes Inneres“ aus (H. de Boor, a. a. O., S. 8 f.).

Innere und äußere Schönheit

Walthers Gedicht argumentiert mit einem zweifachen Schönheitsbegriff. Es setzt der äußeren Schönheit, der eine eigene Werthaftigkeit abgesprochen wird, eine innere Schönheit entgegen, die von der ersteren ganz unabhängig ist. Sie ergibt sich aus einer liebenswerten, herzlichen Wesensart, die durch keine prächtigen äußeren Vorzüge bewirkt werden kann. Aber nur Herzensgüte und liebevolle Seelenhaltung verdienen die innige Zuneigung des Liebenden, die Walther jetzt auch nicht mehr „minne“, sondern „liebe“ nennt. Der Begriff „minne“ bleibt im Gegenteil gerade denen zugeordnet, die nicht wahrhaft zu lieben verstehen (Vers 12).

Entscheidung für innere Schönheit

Nachdem der Dichter in der 3. Strophe seine Auffassung dargelegt hat, daß die Liebe allein vom inneren Wert und nicht von der äußeren Erscheinung bzw. der sozialen Stellung abhängt, und weil nämlich das „herzeliebe frouwelîn“ innerlich schön und reich genug ist, um die Liebe des lyrischen Ichs zu verdienen, besteht für den Sänger kein Anlaß, sich nicht – entgegen allen höfischen Vorurteilen – zu ihr zu bekennen. Allerdings bindet das Gedicht-Ich seine Zuneigung an die ethischen Tugendforderungen, die auch der hohen Minne selbstverständlich sind: „triuwe und staetekeit“. Dort werden sie eigentlich nur dem ritterlichen Mann von der „frouwe" abverlangt, hier aber gerade auch von der „kleinen Herrin". Die literarische Erscheinungsform der Liebe mit ihren inneren Begründungen und den sie begleitenden Wertvorstellungen der Treue und zuverlässigen Beständigkeit sind in der Realität des 12./13.

Gefährdete Liebe

Jahrhunderts durchaus „gefährdete Größen" (G. Schweikle, a. a. O., S. 268). Das bekundet sich in dem sorgenvollen Weh-Ruf der Schlußzeile, der die Möglichkeit schmerzlichster Enttäuschungen für das lyrische Ich wachhält. So bleibt auch dieses

Motiv der Klage

Genre der ‚ebenen Minne' dem Schema der Klage-Dichtung treu.

Aber selbst Liebesgedichte, die von der Erfüllung erotischer Wünsche und von gelungener Partnerschaft sprechen – die sogenannten ‚Tagelieder' –, gestalten fast ausnahmslos die Situation der Trennung der Liebenden beim Anbruch des Morgens (z. B. Heinrich von Morungens „Owê", RUB, S. 18). Es scheint, daß die höfische Liebesdichtung den existenzbedrohenden Aspekt der Liebe, die Gefährdungen und Unzulänglichkeiten des Menschen in der Partnerschaft, stets im Bewußtsein halten will.

So fern uns heutigen Lesern die geistig-sozialen Gegebenheiten des Mittelalters auch liegen – „mâze, triuwe, staete" zählen nur bedingt zu den leitenden Wertkategorien unserer Gesellschaft –, die Liebesauffassungen der höfischen Lyrik mit all den Ängsten und Wünschen, wie sie in Walthers Liedern ihren Ausdruck gefunden haben, erscheinen uns noch immer vertraut.

Zentrale Themen der höfischen Minnelyrik sind das preisende Rühmen der geliebten, hochgestellten „frouwe" (Preislied) und die Klage über deren abweisende Haltung (Klagelied). Die Dichtung überhöht das Liebesmotiv mit Hilfe der Metaphern des Dienens ohne Lohn zur ethischen Bewährungsprobe des Mannes nach Maßgabe der hochmittelalterlichen Rittertugenden. In der späteren Minnelyrik Walthers von der Vogelweide wird dieser wirklichkeitsfremde Rigorismus durch die Idee der ‚natürlichen', wechselseitigen Liebe („Mädchenlieder") gemildert.

Quellenverzeichnis

Brecht, Bertolt: Entdeckung an einer jungen Frau. B. Brecht: Gesammelte Werke, Bd. 8. © Suhrkamp Verlag. Frankfurt/Main 1967.

Dach, Simon: Mai-Liedchen. Aus: Die deutsche Literatur. Texte und Zeugnisse, Bd. 3. Das Zeitalter des Barock. Hg. v. Albrecht Schöne. C. H. Beck. München 1963 (Text vom Vf. normalisiert).

Eichendorff, Joseph von: Der Schiffer. J. v. Eichendorff: Werke. Carl Hanser Verlag. München 1966.

George, Stefan: Im windes-weben. St. George: Werke, Ausgabe in zwei Bänden, Bd. 1 hrsg. v. Robert Boehringer, Klett-Cotta, 4. Aufl. Stuttgart 1984.

Goethe, Johann Wolfgang von: Maifest. Goethes Werke. Hamburger Ausgabe, Bd. 1. C. H. Beck. München 1974.

Goethe, Johann Wolfgang von: Warum gabst du uns die tiefen Blicke. Goethes Werke. Hamburger Ausgabe, Bd. 1. C. H. Beck. München 1974.

Goethe, Johann Wolfgang von: Selige Sehnsucht. Goethes Werke. Hamburger Ausgabe, Bd. 2. C. H. Beck. München 1972.

Hahn, Ulla: Bildlich gesprochen. U. Hahn: Herz über Kopf. Gedichte. © Deutsche Verlags-Anstalt GmbH 1981. Stuttgart.

Heine, Heinrich: Mir träumte von einem schönen Kind. H. Heine: Sämtliche Schriften, Bd. 4. Carl Hanser Verlag. München 1978.

Heine, Heinrich: Teurer Freund! H. Heine: Sämtliche Schriften, Bd, 1. Carl Hanser Verlag. München 1975.

Hofmannsthal, Hugo von: Die Beiden. H. v. Hofmannsthal: Gedichte. © Insel-Verlag. Frankfurt/Main 1970.

Kiwus, Karin: Lösung. K. Kiwus: Angenommen später. Gedichte. © Suhrkamp Verlag. Frankfurt/Main 1979.

Klopstock, Friedrich Gottlieb: Das Rosenband. F. G. Klopstock: Ausgewählte Werke. Carl Hanser Verlag. München 1962.

Klopstock, Friedrich Gottlieb: An Gott. F. G. Klopstock: Ausgewählte Werke. Carl Hanser Verlag. München 1962.

Krolow, Karl: Liebesgedichte. Aus: Deutsche Lyrik der Gegenwart. Eine Anthologie (Reclams Universal-Bibliothek 7884). Stuttgart 1980. (© Karl Krolow)

Liliencron, Detlev von: Glückes genug. D. v. Liliencron: Gesammelte Werke, Bd. 7. Schuster u. Loeffler. Berlin/Leipzig o. J.

Meyer, Conrad Ferdinand: Zwei Segel. C. F. Meyer: Sämtliche Werke, Bd. 2. Winkler Verlag. München 1968.

Novalis: An Julien. Novalis: Werke und Briefe. Winkler Verlag. München 1962.

Plessen, Elisabeth: Dank dir dank euch. Aus: Literaturmagazin 9. Der neue Irrationalismus (dnb 100). Rowohlt Taschenbuchverlag. Reinbek b. Hamburg 1978 (© Elisabeth Plessen).

Rilke, Rainer Maria: Liebes-Lied. R. M. Rilke: Gesammelte Gedichte. © Insel-Verlag. Frankfurt/Main 1962.

Uz, Johann Peter: An Chloen. J. P. Uz: Sämtliche Poetische Werke (Deutsche Literaturdenkmale des 18. und 19. Jahrhunderts). Nachdruck der Ausgabe v. 1890. Wissenschaftliche Buchgesellschaft. Darmstadt 1964.

Walther von der Vogelweide: Aller werdekeit ein füegerinne. Walther v. d. Vogelweide: Gedichte. Ausgewählt u. übersetzt v. Peter Wapnewski (Fischer Bücherei 6052). Frankfurt/Main 1962. (Zitiert nach: Conrady.)

Walther von der Vogelweide: Herzeliebes frouwelîn. Walther v. d. Vogelweide: Gedichte. Ausgewählt u. übersetzt v. Peter Wapnewski (Fischer Bücherei 6052). Frankfurt/Main 1962. (Zitiert nach: Conrady.)

Zesen, Philipp von: Lied. Aus: Barocklyrik. Hg. v. Hans Cysarz. Philipp Reclam Verlag. Leipzig 1937. (Zitiert nach: Conrady.)

Weiterführende Literatur

Bernhard Asmuth, Aspekte der Lyrik. Düsseldorf 1972.

Gottfried Benn, Probleme der Lyrik. Wiesbaden 1969.

Hilde Domin, Wozu Lyrik heute. München 1968.

Hugo Friedrich, Die Struktur der modernen Lyrik. Bd. 25. Reinbek b. Hamburg 1974.

Eberhard Hermes, Abiturwissen Lyrik. Stuttgart 1986.

Wolfgang Kayser, Kleine deutsche Versschule. München 1971.

Wolfgang Kayser, Geschichte des deutschen Verses. München 1971.

Walther Killy, Wandlungen des lyrischen Bildes. Göttingen 1971.

Walther Killy, Elemente der Lyrik. München 1972.

Otto Knörrich, Die deutsche Lyrik seit 1945. Stuttgart 1978.

Karl Krolow, Aspekte zeitgenössischer deutscher Lyrik. Gütersloh 1961.

Herbert Lehnert, Struktur und Sprachmagie. Zur Methode der Lyrik-Interpretation. Stuttgart u. a. 1972.

Klett LernTraining®
Einfach bessere Noten
Die Reihen, die allen Bedürfnissen gerecht werden, im Überblick
1. Training – Nachhilfe aus dem Buch
2. Die kleinen Lerndrachen – Training für alle Grundschüler
3. PC-Kombi-Training – die Fitness-Programme: Kombination aus Lernbuch und Übungssoftware
4. Lektürehilfen – Durchblick bei der Lektüre
5. Abiturwissen – das geballte Wissen fürs Abi
6. Abi-Training – fit fürs Abi
7. PC-Kurswissen – pures Abi–Wissen aus dem Computer
Training Aufsatz
Erzählen
Nacherzählen
Training 100 Diktate 4. Schuljahr
PC-Kombi-Training
Englisch
ABITUR WISSEN
Landeskunde
Great Britain
United States of America
ABI-Training
Geschichte
LEKTÜREHILFEN
Nathan der Weise
Klett LernTraining im Internet:
www.klett-verlag.de/klett-lerntraining
Das Lernhits-Gesamtverzeichnis:
in Ihrer Buchhandlung oder
direkt bei Ernst Klett Verlag,
Postfach 10 60 16, 70049 Stuttgart